Impressum

Autor: Dagmar Geiselmann

Kontaktmöglichkeit:
daggigeiselmann@gmail.com

Erstveröffentlichung:

2017 als e-Book bei KDP-Amazon
2017 als Printausgabe by Createspace

Der Text aus diesem Buch darf nicht ohne Genehmigung vervielfältigt werden.
Bei Zitaten bitte einen Link auf die Amazon Buchseite setzen.

Covergestaltung: Dagmar Geiselmann

Copyright © 2017 by Dagmar Geiselmann
Lektorat : Elsa Rieger

ISBN-13: 978-1727269239

ISBN-10: 1727269233

Inhaltsverzeichnis:

Verdammt noch mal!...9
Worüber schreibe ich bloß in..9
meinem nächsten Buch?...9
Ab sofort bin ich eine Autorin..15
Hier bin ich mit meinem Bestseller................................17
Ein Autor zockt ab...24
Druckkosten-Zuschuss-Verlage.......................................27
Sucht euch Freunde unter den Bloggern.........................36
Sympathische Kollegen und Beißzangen........................39
Gute Taten und beispielhafte Autoren.............................43
Rezensionen..46
Freundschaften unter Autoren...50
Ängste, die uns quälen..55
Brot-Job, Haushalt und Bücher.......................................59
schreiben...59
Kann man das Schreiben lernen?....................................66
Erotik und explizierter Porno läuft.................................70
immer noch besser als andere Genres.............................70
Selbst erstellte Cover oder..75
Cover-Designer?...75
Kein Pardon für gravierende...76
Rechtschreibfehler!...76
Ich werde reich durch meine Bücher..............................78
Marketing – Schlüssel zum Erfolg..................................83
Spammen verboten..88
Plagiat oder nur halb geschummelt?...............................92
Autoren-Image bei Facebook..97
Frankfurter Buchmesse, das Ereignis des Jahres..........101
Bücher, die Bände sprechen..108
Noch einmal zu Autoren in sozialen Netzwerken........111
Autoren einmal ganz privat..113
Schmarotzer und hilfreiche Agenten.............................117

Ehre, wem Ehre gebührt 120
Autor werden ist nicht schwer, ...123
Autor sein doch manchmal sehr. 123
Geistiges Eigentum 128
Futterneid ist euer größter Feind 132
Habe ich zu viel geträumt? 141

Verdammt noch mal!
Worüber schreibe ich bloß in meinem nächsten Buch?

Hier saß ich nun an meinem Schreibtisch zu Hause in Kalabrien und starrte Löcher in die Luft. Bewaffnet mit Notizblock und Kugelschreiber kritzelte ich nervös Strichmännchen. Es war August und immer noch sehr heiß, auch am späten Nachmittag, sogar bei sperrangelweit geöffneten Türen und Fenstern im ganzen Haus. Nachdenklich erhob ich mich, um mir etwas Kühles zu trinken aus dem Kühlschrank zu holen. Latte di Mandorla, Mandelmilch, selbst gemacht, aus Mandelpaste, kam mir gerade recht. Der Schweiß stand mir auf der Stirn und ein unangenehmer Geruch stieg mir in die Nase. Ich konnte mich nicht mehr riechen, diesen Schweißgestank mochte ich noch nie.

Äußerlich und innerlich erfrischt kehrte ich dann gut gelaunt wieder an die Arbeit zurück.

Ein neues Buch sollte es werden, aber das war gar nicht so leicht, weil mir nur wirre Gedanken dazu durch den Kopf gingen, was ich alles **nicht** schreiben wollte.

An meine autobiografische Trilogie »Einfach nur ich« war ich bei jedem der drei Bände voller Freude und Tatendrang ans Werk gegangen, ohne mir darüber den Kopf zu zerbrechen, ob und welche Leser es interessieren könnte. Genauso war es bei meinem Roman mit Realitätsbezug über das Schicksal der Frauen, die der kalabrischen Mafia zum Opfer fallen. Ein Thema, das sehr naheliegt, wenn man in Kalabrien lebt.

Es kann doch nicht so schwer sein, ein spannendes Thema zu finden und zu Papier zu bringen, das den Leser von der ersten Seite an packt? Ihn dazu veranlasst, das Buch nicht mehr aus der Hand zu legen, überlegte ich. Schließlich hatte ich genug Bücher gelesen, die bei mir genau das ausgelöst hatten. Ob ich mich getäuscht habe? Wartet es ab! Wie so oft, wenn ich am Schreibtisch saß, wurden meine Gedanken erst einmal vom Alltag unterbrochen mit: »Mama, kannst du mal bitte…« und »Liebe Frau, wäre es nicht an der Zeit, dich um das Abendessen zu kümmern anstatt Löcher in die Luft zu starren und Strichmännchen zu kritzeln?«

Normalerweise bin ich immer sauer, wenn ich auf die Art und Weise aus meinen Gedanken gerissen werde, aber dieses Mal war ich dankbar, aus dem Dilemma herauszukommen, denn mir fiel einfach nichts ein.

Ich packte mein Schreibwerkzeug in die Schublade und wandte mich meinen Alltagsverpflichtungen zu.

Man könnte annehmen, dass ein Sechs-Personen-Haushalt dafür genügend Ablenkung schafft, aber es ließ mich nicht los. Zwischen Kochtopf und Fragen über deutsche Geschichte für die Schulaufgaben der Kinder, überlegte ich weiter: Ein Kochbuch mit Rezepten aus Kalabrien?, und verwarf die Idee sofort wieder mit der Begründung, dass es davon schon viel zu viele auf dem Buchmarkt gibt. Ich wollte den Lesern etwas Neues bieten.

Eines war mir klar, einen Roman wollte ich nicht schreiben, auch wenn es verlockend wäre, denn wenn du in Kalabrien lebst, was läge da näher, als eine schöne Liebesgeschichte mit Sonne, Strand, Meer und einer leicht verständlichen Handlung, die dem Leser Zeit zum träumen lässt? Es gibt Zigtausende davon, da wartet man

gerade auf eine Daggi Geiselmann, die noch eine schreibt!
Einen spannenden Krimi könnte ich, aber wollte ich nicht schreiben, wo der Mörder entweder wie immer der Gärtner ist oder eben nicht. Auch das ist Schnee von gestern, der den Lesern schon tausend Mal in allen Varianten vorgekaut worden ist!, also blieb ich dabei. Kein Roman, welcher Art auch immer. Ein Ratgeber, ein Sachbuch sollte es sein.
Währenddessen hatte ich alles, was eben so im Haushalt anfällt, lustlos erledigt, das Abendessen gekocht und mit der Familie verspeist. Den Gesprächen der Kinder am Tisch hörte ich an diesem Abend nur mit einem Ohr zu. Mein Mann musste mich wohl zweimal angesprochen haben, bis ich seine Frage, ob noch etwas von den Spaghetti und der Bolognese-Soße übrig wäre, wahrgenommen und bejaht hatte.
»Worüber denkst du nach?«, wollte er wissen, während er genüsslich die letzten Spaghetti verschlang und mit einem Schluck Rotwein hinunterspülte.
»Bestimmt über ihr nächstes Buch«, erwiderte meine Tochter, noch bevor ich etwas sagen konnte.
»Na, dann wollen wir die Mama mal nicht von ihrer Arbeit abhalten. Auf geht´s, Mädels, ihr kümmert euch um den Abwasch, dann kann sie gleich verschwinden und ihre Gedanken zu Papier bringen«, wies er meine Töchter an und lächelte mir freundlich zu.
An jedem anderen Tag wäre ich ihm dankbar dafür gewesen, aber nicht an diesem Abend.
Ich lächelte nur stumm zurück, ging, wie indirekt befohlen, an meinen Schreibtisch und kramte den Notizblock wieder aus der Schublade, auf dem mich meine Strichmännchen fragend anstarrten. Zuerst schnitt

ich ihnen eine Grimasse, kaute auf dem Ende des Kugelschreibers herum, starrte wie schon am Nachmittag Löcher in die Luft. Als sich meine verzweifelten Blicke erneut mit den fragenden Blicken der Strichmännchen trafen, überkritzelte ich sie wütend so lange, bis nichts mehr von ihnen zu sehen war. Noch einmal ließ ich alle Themen im Geiste vor mir Revue passieren, um herauszufinden, welches davon mich reizen könnte und auch für die Leser interessant wäre. Es war deprimierend, denn mir fiel immer noch nichts ein. Resigniert legte ich den Schreibblock wieder zur Seite.

»Verdammt noch mal! Es gibt Millionen von Autoren und jeder scheint davon überzeugt zu sein, dass er der Welt etwas mitzuteilen hätte, das unbedingt zu Papier gebracht werden musste! Nur dein Papier bleibt unbeschrieben! Woran liegt das?«, fragte ich mich nun laut. Ich war wütend. Natürlich könnte ich auch, wie viele andere, eine Geschichte zu irgendeinem Thema erfinden, ein ansprechendes Cover dazu entwerfen, einen interessanten Klappentext schreiben und das Buch auf den Markt bringen. Meine Werbung würde die Leser neugierig darauf machen, und irgendwie würde ich das Kind schon schaukeln!, grübelte ich weiter, obwohl ich genau wusste, wie viele Faktoren davon abhängig sind, ob ein Buch auf dem Buchmarkt eine Chance hat oder mit Pauken und Trompeten untergeht.

»Also los! Such dir ein Thema und fang endlich an ein Gerüst für einen interessanten Ratgeber aufzubauen!«, befahl ich mir, nun wieder laut.

Sehr laut offensichtlich, denn mein Mann steckte den Kopf zur Tür rein und fragte: »Alles okay bei dir?«

Geknickt sagte ich:»Aber ja!« Ich wollte ihn nicht beunruhigen. Leise zog er sich zurück.

Aber anstatt mich freudig und voller Tatendrang, wie das bei jedem Autor ist, wenn er ein neues Buch anfängt, ans Werk zu machen, schaltete ich erst einmal den Computer an und loggte mich bei Facebook ein, um mich erneut abzulenken.

Da waren sie wieder, die lieben Kollegen und Kolleginnen, die alle direkt oder indirekt ihre Bücher anboten, meine Leser und sonstige Bekannten und meine engsten Freunde.

Einen Gruß hier – einen Kommentar dort – ein paar nette Worte in privaten Nachrichten mit Kollegen, so verging schnell eine Stunde und mein Schreibblock war immer noch leer!

Ich vertraute mein Problem einer Freundin an, die mir sofort alle nur erdenklichen Fachgebiete auflistete und mir zu dem einen oder zu dem anderen riet, weil sie überzeugt davon war, dass ich so etwas schreiben könnte. Aber nichts war mir wichtig oder ansprechend genug. Ich bedankte mich bei ihr und verabschiedete mich für diesen Abend.

»Mama, wie viele Seiten hast du schon geschrieben?«, rief mir meine Tochter aus der Küche zu und erinnerte mich damit daran, mich schnellstens aus Facebook zu verabschieden.

»Einige! Und stör mich bitte nicht!«, schwindelte ich.

Ja – und dann war sie plötzlich da – die Idee, welcher Art Ratgeber es sein soll. Ich kann nicht beschreiben, was genau in mir vorging in dem Moment. Vielleicht hatte ich etwas auf Facebook gesehen, was mich darauf gestoßen hatte. Es könnte auch sein, dass derlei Gedanken schon lange in mir geschlummert haben, und ich sie unterdrückt hatte. Ich weiß nur mit Sicherheit, dass ich unbeschreiblich glücklich war und alle negativen Grübeleien darüber, was man schreiben könnte und ob es den Leser überhaupt interessieren würde, waren auf einmal verschwunden. Plötzlich wusste ich wieder, warum es zigtausend Liebesromane, zigtausend Krimis und zigtausend Ratgeber auf dem Buchmarkt gibt. Wäre ja schlimm, wenn es nicht so wäre und jeder Autor denken würde, dass es keinen Sinn hätte, noch ein weiteres Buch zu schreiben.

Ich war wieder in meinem Element und aus dem Abend wurde eine lange Nacht, die bis in die Morgenstunden reichte, in der mein Gerüst zum neuen Buch entstand.

Ich wusste plötzlich wieder, dass ich mich an die Realität halten muss, weil ich das am besten kann und auch, weil ich nur so mit Freude schreiben kann. Mein Tatendrang war zurückgekehrt. Mein Schreibblock blieb nicht mehr leer, im Gegenteil, in dieser Nacht schrieb ich viele Seiten, skizzierte, strich durch, formulierte neu. Als ich im Morgengrauen endlich ins Bett ging, hatte ich den ganzen Verlauf von meinem Buch vor Augen. Das reale Leben ist meine Welt und die Fantasie beim Schreiben überlasse ich gerne anderen, die das mit Liebe machen und vielleicht besser können als ich.

Ab sofort bin ich eine Autorin

Mit diesem Gedanken setzten sich schon viele junge Mädels und Jungs an ihren Schreibtisch und fingen an ein Buch zu schreiben. Aber auch ältere, erfahrenere Menschen kamen schon auf die Idee, dass es doch ein »Klacks« wäre, schnell mal ein Buch auf den Markt zu bringen. Aber sie hatten sich alle getäuscht und teilweise auch haufenweise Lehrgeld bezahlt. Materiell oder emotional. Darauf komme ich noch zu sprechen. Ich möchte es euch einmal erklären, wie das so ist mit dem Schreiben, mit der Buchveröffentlichung, mit dem Traum vom schnellen Geld und der harten Arbeit, die wirklich dahintersteckt.
Seit es Selfpublishing gibt und nicht mehr jedes Buch zuerst von einem Verlag entdeckt und für gut vermarktbar gehalten werden muss, steigt die Zahl der Autoren ständig an. Leider oder Gott sei Dank denken seitdem immer mehr begabte und weniger begabte Leute daran, dass sie ein Buch schreiben könnten.
Ihr Leser müsst das dann ausbaden. Bestimmt hat jeder von euch schon einmal ein Buch gekauft, das fehlerhaft war oder euch aus anderen Gründen nicht überzeugt, nicht gefallen hat. Ihr wurdet enttäuscht und dachtet dann: Immer diese Selfpublisher, die meinen, schreiben zu können, und dann einen Mist auf den Markt bringen! Das ist euer gutes Recht, liebe Leser! Denn nicht jeder kann schreiben! Schon gleich gar nicht, wenn ein angehender Autor nicht einmal die wichtigsten Regeln kennt oder ein bestimmtes NO GO nicht beachtet. NO GOs sind ungeschriebene Regeln, an die man sich halten kann oder auch nicht. ICH persönlich habe mich nicht

immer daran gehalten, aber es ist ratsam, diese Regeln zu beachten, vor allem dann, wenn man neu und unerfahren ist. Mein erstes NO GO, das ich wissentlich nicht beachtet habe, hat mir einen Buchverriss beschert, worüber ich mich heute noch ärgere.

Aber nun möchte ich Schritt für Schritt vorgehen und anhand einiger Beispiele erklären, was auf dem Buchmarkt so alles passieren kann.

Alles, was ihr ab hier lesen werdet, entspricht der vollen, unverblümten Wahrheit, die von mir erlebt oder mir so zugetragen worden ist. Ich werde nur keine Namen nennen und es euch anhand von einzelnen kleinen Geschichten deutlich machen.

Wie ich schon erwähnte, gibt es immer wieder Leute, die denken, dass sie schreiben können. Sie sind von sich selbst so überzeugt, dass ein Misserfolg für sie nicht infrage kommt, und sie setzen alles daran, ihn zu verhindern. Darum geht es in der ersten Geschichte.

Hier bin ich mit meinem Bestseller

Genau mit dieser Begrüßung hat sich einmal eine mir bis dato unbekannte Autorin in einer Gruppe für Autoren vorgestellt. Sie wurde zuerst freundlich begrüßt, dann stellte man ihr Fragen zu ihrem Buch. Es war wohl ihre Absicht, Aufmerksamkeit erzielen. Nicht schlimm so etwas und durchaus legitim. Aber was dann geschah, hatte die liebe Kollegin wohl nicht erwartet.

»Um was geht es in deinem Roman?«, wurde sie gefragt. Gerne berichtete die Autorin vom Inhalt ihres Bestsellers und kam ins Schwärmen, wie toll, wie interessant, wie aussagekräftig und wie spannend sie alles beschrieben hätte.

Die von ihr erwarteten Komplimente blieben aus, weil niemand das Buch kannte oder sich äußern wollte.

Als sie dann den Titel bekannt gab, habe ich natürlich aus reiner Neugier nachgeschaut, geht ja schnell in den Buchshops, den Autoren-Namen eingeben und den Titel, sofort weiß man dann, um welches Buch es geht. Ich musste schmunzeln und mir war klar, was nun passieren könnte, wenn bestimmte Kollegen dieses Buch auch anschauen würden.

»Wer hat dir denn dein Buch-Cover gemacht?«, war die nächste Frage, die ihr gestellt wurde.

»Schon passiert«, dachte ich mir und schmunzelte weiter.

»Ja, das habe ich selbst entworfen, gefällt es euch?«, antwortete sie ganz stolz.

Sie erhielt keine Kommentare für zehn Minuten. Wahrscheinlich war die junge Kollegin schon enttäuscht über das mangelnde Feedback und fing dann an, hier und da Beiträge anderer Kollegen zu kommentieren, sich wichtig zu machen und auch zu kritisieren. Tja, das war ihr Fehler!

Regel Nummer 1: Kritisiere nie ungefragt jemanden, den du nicht kennst. So würde ich es nennen. Das ist aber nur meine Meinung, die nicht alle Autoren unbedingt so sehen müssen, aber es hilft zu vermeiden, was damals dieser ›Bestseller-Autorin‹ passiert ist.

Um es kurz zu machen, alle Kollegen, die sie kritisiert hatte und die entweder die teils unbegründete Kritik geschluckt oder gut contra gegeben hatten, kamen auf ihren Beitrag zurück. Sie ließen sich darüber aus, wie stümperhaft das von ihr selbst entworfene Cover wäre und man einen Cover-Designer braucht, um auf dem Buchmarkt Erfolg zu haben. Andere erklärten ihr freundlich aber bestimmt, dass man ein 75 Seiten langes Buch nicht für 9 Euro 90 anbieten kann, und klärten sie auch darüber auf, dass beim Blick ins Buch schon drei Rechtschreibfehler zu sehen wären.

Die ›Bestseller-Autorin‹ war bestimmt den Tränen nahe und sie tat mir leid, als ich das alles lesen musste. Aber ich äußerte mich nicht zur Sache. Ich dachte an meinen Einstieg in die Autorenwelt zurück und konnte mich gut in ihre Lage versetzen. Aber so leicht gab sich die Autorin nicht geschlagen. Sie hatte schließlich Freunde, die von ihrem Talent überzeugt waren, und eine Hetzjagd begann. Nachdem sie sich arrogant aus dieser Autoren-Gruppe verabschiedet hatte, fing sie an, auf ihrer eigenen Autorenseite über die Kritiker herzuziehen. Tja ...

Regel Nummer 2: Im Internet bleibt selten etwas verborgen. Die Kollegen hatten schnell erfahren, was für

unschöne Dinge über sie gesagt worden waren und hatten sich deswegen wohl das besagte Buch näher angeschaut.
Nach wenigen Tagen hagelte es 1-Sterne-Rezensionen, die nicht von der Hand zu weisen und gut begründet waren. Damit will ich nicht sagen, dass sich Kollegen rächen, aber wenn die Jung-Autorin sich anders verhalten hätte, hätten sich auch die betroffenen Autoren anders verhalten und es mit der gut gemeinten Kritik ihr gegenüber gut sein lassen.
So schnell kann der Traum vom Bestseller aus sein, dachte ich mir.
Die junge Autorin hatte mehrere entscheidende Fehler gleichzeitig gemacht und das verzeiht der harte Buchmarkt leider nicht.
Nicht nur Kollegen, sondern auch Leser wurden auf diesen ›Bestseller‹ aufmerksam und ärgerten sich öffentlich darüber, dass man so etwas nicht auf die Menschheit loslassen dürfe. Ausdrucksweise in diesem Buch, Rechtschreibfehler en masse und Grammatikfehler wurden bemängelt und auch der stolze Preis, für den sie etwas außergewöhnlich Gutes erwartet hatten.

Langer Rede kurzer Sinn: Ich habe von dem Roman und der Autorin nach wenigen Monaten nichts mehr gelesen. Nach einigem Lamentieren und gehässigen Kommentaren von ihr über das unkollegiale Verhalten der Autoren, die öffentlich ihren Namen genannt und ihr Buch zerrissen hatten, verschwand sie im Nirwana des Internets.
WER sich nun unkollegial verhalten hat in dieser ganzen Angelegenheit, das überlasse ich euch, den Lesern.
Meine Meinung ist: Wer Kritik äußert, muss sie auch

einstecken können oder zumindest sicher sein, dass es nichts Schwerwiegendes zu kritisieren gibt.
Über das Prinzip des Austeilens und Einsteckens könnte ich euch viele Beispiele in allen Varianten erzählen, aber ich belasse es bei den folgenden zwei Ereignissen.

Herbert K. träumte ihn auch, den Traum von seinem Bestseller, und stand kurz vor der Veröffentlichung. In der Ansage kündigte er seinen Ratgeber Tage vor dem Veröffentlichungstermin als revolutionär, lehrreich, umfangreich und eine abschließende Aufzählung an. Die Spannung wuchs, das Interesse und die daraus resultierenden Kommentare wuchsen auch. Zwei Tage vor der Veröffentlichung bezeichnete er sein Buch als »Das beste, was ihr jemals gelesen habt«, und die Neugier stieg noch mehr. Am Tag vor dem Erscheinen schrieb Herbert K. öffentlich in allen Netzwerken und Werbe-Gruppen, die er kannte: »Es ist so weit! Morgen erscheint Ihr Lebensretter, Ihr Weg zum Erfolg, Ihre Chance für ein neues Leben. SIE müssen nur zugreifen!« Die erwarteten positiven Kommentare blieben aber aus. Nur von den Kollegen und Lesern erntete er Neugier und Glückwünsche.
Ich hielt mich zurück und war gespannt auf diese angeblich weltbewegende Veröffentlichung. Na ja, man freut sich ja gerne mit den Kollegen, aber wenn man schon einige Zeit auf dem Markt ist, weiß man auch, dass solche Aussagen nicht immer der Wahrheit entsprechen. Genauso war es auch bei dem Autor.
Ich gebe zu, als ich mir diesen Ratgeber dann angeschaut habe, musste ich schallend lachen.
99 Buchseiten mit dem Titel: »Mein Traum-Job und der Weg zum Glück«.

Das Cover zeigte nur den Titel, den Namen des Autors und einen Lotto-Schein. Aus dem Impressum entnahm ich, dass kein Lektorat gemacht wurde und auch die Angaben über ein erstelltes Korrektorat fehlten. Dementsprechend sah das Buch dann auch aus. Rechtschreibfehler konnte ich schon beim Blick ins Buch erkennen.
Mein Mann ist begeisterter Lotto-Spieler, nur aus diesem Grund habe ich für ihn das E-Book für teure 3 Euro 99 erworben. Ein Taschenbuch wurde nicht angeboten.
Er bedankte sich bei mir dafür und fing an zu lesen. Schon nach kurzer Zeit legte er den Reader enttäuscht zur Seite und schimpfte: »Nichts, was ich nicht schon gewusst hätte. Nur Tipps über Zahlenkombinationen und Möglichkeiten, wie man gewinnen könnte. Außerdem verkauft er diese System-Tipps als regulärer Berater und fordert uns auf, das auch als Job zu machen, nachdem wir gelernt haben, Systeme zu erstellen.«
Ich musste noch einmal herzlich lachen und meinen Mann über seine Enttäuschung hinwegtrösten.
In den sozialen Netzwerken wurde der Ratgeber unter den Lotto-Spielern heiß diskutiert. Kaum einer konnte sich für diese Idee begeistern, und aus der weltbewegenden Neuerscheinung wurde ein Fiasko. Herbert K. hatte den Mund zu voll genommen und kritikfähig war er auch nicht. Einen seiner Leser beschimpfte er als unverbesserlichen Pessimisten, der das Glück mit den Füßen treten würde. Auf den Kommentar eines Autoren-Kollegen, der ihm riet, den Mund das nächste Mal nicht so voll zu nehmen, antwortete er: »Kümmere dich um deinen eigenen Mist!«
Das war´s dann wohl, dachte ich mir, denn ich kannte den Kollegen als erfolgreichen Autor, beliebt bei allen

Lesern und Kollegen. Klar, dass er sich so eine Bemerkung nicht gefallen ließ. Im nächsten Kommentar kündigte er gelassen an, dass er sich gerne auch um den Mist von Kollegen kümmern werde. Und sich dann noch einmal äußern würde.
Es folgte eine 1-Sterne-Rezension, die sachlich und professionell erklärte, warum man sich das Geld für dieses E-Book sparen kann.
Liebe Leser und Kollegen, hierzu möchte ich nur noch anmerken, dass Bücher immer das halten sollten, was sie versprechen. Werbung darf schon neugierig machen und übertreiben, aber es gibt Grenzen, die man nicht überschreiten darf.

Moana (ich nenne sie einfach so) ist eine Autorin, die als Unruhe-Stifter und giftige Schlange unter den Kollegen bekannt ist. Nur selten sagt ihr das jemand, weil viele Kollegen Angst vor ihren bissigen Kommentaren haben.
Sie taucht immer dort auf, wo sich viele Kollegen tummeln und es etwas zu diskutieren gibt. Ich habe ihre Bekanntschaft auch schon gemacht und mich in kilometerlangen Kommentaren mit ihr auseinandergesetzt und auch gezankt, bis sie ausfällig wurde. Heute gehe ich ihr genauso aus dem Weg wie andere Autoren auch. Ich finde es nur schade, dass sie sich immer junge, unerfahrene Kollegen als Opfer aussucht, die sich manchmal um Kopf und Kragen schreiben, um ihr kontra zu geben.
Genauso geschah es auch, als der Autor Dr. Maier-Müller Bekanntschaft mit ihr machen musste. Moana hatte zunächst freundlich kommentiert und ihn nach dem Inhalt seines Fantasy-Romans gefragt, den er ihr liebend gerne bekannt gab.

»Alles an den Haaren herbeigezogen und schlecht recherchiert«, war ihr erster Kommentar dazu. Es begann eine lange Diskussion, die damit endete, dass jedem Autor und Leser klar wurde, dass Dr. Maier-Müller, der dann genauso ausfallend wurde wie sie, kein Doktor sein konnte und sein Buch wohl nicht viel taugte.

Liebe Kollegen, lasst euch nicht auf Diskussionen ein, die zu nichts führen. Es gibt eben leider auch Autoren, die sich wie Trolls verhalten und nur darauf aus sind, Unruhe zu stiften. Im Allgemeinen verärgern mich solche Debatten nur, weil es keine Gewinner gibt. Warum muss einer immer den anderen schädigen, um sich in Szene zu setzen?

Ein Autor zockt ab

Ein weiteres Beispiel, das mich und andere sehr verärgert hatte, möchte euch nicht vorenthalten.

Eines Tages bekam ich eine Freundschaftsanfrage auf meiner Autorenseite von einem Kollegen, den ich zuvor noch nirgends gelesen hatte. Er stellte sich mir mit Doktortitel vor, Profilbild sah eindrucksvoll aus. Ich hatte ihn auf ungefähr vierzig Jahre geschätzt, Altersangabe machte er keine. Na ja, wie das so allgemein der Brauch ist unter uns Autoren, erzählte er mir von bereits veröffentlichten zwei Büchern, von weiteren, die geplant wären, und von seinen persönlichen Problemen. Im ersten Moment war ich geschockt, denn Privates geben, so glaube ich zumindest, nur wenige Autoren im Internet preis. Ich hielt mich mit meinen Antworten bewusst zurück, ließ mir jedoch anmerken, wie bestürzt ich über seinen Bericht war. Nach einer halben Stunde verabschiedete ich mich höflich mit der Begründung, noch arbeiten zu müssen, und wünschte dem Kollegen viel Erfolg für die Zukunft.

Ich ging meiner Arbeit nach und hatte ihn eigentlich schon wieder vergessen, bis mir dann eine andere Kollegin privat schrieb:»Sag mal Daggi, kennst du den neuen Dr. Soundso? Ist der seriös und zu empfehlen?«

»Ich habe ihn heute das erste Mal gelesen. Warum fragst du?«, wollte ich von der Autorin wissen, die ich schon länger kannte.

»Der hat mir im Chat sein halbes Leben erzählt, und als ich ihm Zuspruch und Mitleid gab, rückte er mit seinem Angebot raus«, berichtete sie aufgeregt.

Es dauerte nicht lange, bis ich den Braten gerochen hatte. Sein Angebot bestand darin, für nette Kollegen Bücher in seinem neu gegründeten Verlag zu veröffentlichen. Aber da er finanzielle Probleme hätte, müsste er um Unterstützung bitten. Er wollte ein Darlehen von 5.000 Euro, das er dann schnellstens zurückzahlen würde, sobald die ersten Autoren in seinem Verlag erschienen wären und er locker das Geld verdienen könnte.

Clevere Idee!, dachte ich mir, aber gleichzeitig stieg auch Wut in mir auf. Ich weiß, dass viele Autoren scharf darauf sind, ihre Bücher und E-Books in einem Verlag veröffentlicht zu sehen. Sie denken meistens, dass ihr Erfolg davon abhängt, wenn ein Verlags-Logo auf ihrem Cover zu sehen ist. Der Traum vom Bestseller hängt für viele davon ab, wo sie ihr Buch veröffentlichen.

»Ich will nicht mehr länger zu den Selfpublishern gehören, die allgemein einen schlechten Ruf haben«, hörte ich schon öfters Kollegen sagen.

Der kluge Dr. Soundso nützte das aus und klapperte systematisch junge, und seiner Meinung nach, unerfahrene Kollegen ab und bei einigen, wo es ihm angebracht erschien und er sich Erfolg versprach, unterbreitete er sein Angebot. Natürlich nicht ohne zuvor jede Menge Süßholz geraspelt zu haben, wie toll und vielversprechend er die Bücher der Kollegen fand, die er für seinen neu gegründeten Verlag interessieren wollte. Meine Wut stieg und ich riet der netten Kollegin natürlich ab, dieses ›Darlehen‹, das zum Himmel stinkt, zu gewähren.

Nur zu gut wusste ich von einer anderen Autorin, dass man niemals etwas bezahlen sollte, wenn man ein Buch veröffentlichen möchte. Es gibt auch heute noch die sogenannten »Druckkosten-Zuschuss-Verlage«, die nur darauf aus sind, Gewinn auf Kosten von unerfahrenen Kollegen zu erwirtschaften.

Druckkosten-Zuschuss-Verlage

Das Erste, was ihr machen solltet, wenn euch der Vertrag eines Verlegers ins Haus flattert, überprüft, ob besagter Verlag in der Liste der DKZV-Verlage aufgeführt wird. Diese Listen findet ihr, wenn ihr Dr. Google fragt und dort DKZV in die Suchleiste eingebt.

Als goldene Regel, wenn ihr nicht abgezockt werden wollt, merkt euch Folgendes:
Kein seriöser Verlag wird jemals Geld von euch dafür verlangen, dass ihr ein Buch schreibt und in einem Verlag veröffentlichen wollt.

Weniger seriöse Verlage verlangen einen Druckkosten-Zuschuss, enorme Summen für das Cover und vieles mehr. Je fieser der Verleger, desto höher der Preis für euch. Es gibt so viele Autoren, die darauf schon reingefallen sind. Ich möchte euch das ersparen.

Klar, freut man sich, wenn man gelobt wird, wenn jemand unser Buch veröffentlichen will, aber wenn ihr nicht vorsichtig seid, wird die Freude nicht lange anhalten und ihr seid Tausende Euro los und euer Buch verschimmelt irgendwo im Nirwana. Ihr habt die Rechte daran abgetreten und könnt es nirgendwo anders veröffentlichen.

Ich kenne persönlich einige Autoren, die diese Hölle schon erlebt haben, es hat sie nicht nur viel Geld gekostet, sondern auch viel Nerven und Enttäuschung. Ganz abgesehen davon fühlen sie sich auch noch mitschuldig an ihrem Übel, weil sie nicht vorsichtig genug waren. Unerfahrenheit spielt dabei eine große

Rolle und genau darauf bauen diese miesen Verleger. Sie werden euch einlullen mit Komplimenten, mit leeren Versprechungen locken und euch schließlich abservieren, wenn der Vertrag unterschrieben ist und ihr das Geld zum Fenster hinausgeschmissen habt.
Viele der DKZV-Geschädigten sind heute Selfpublisher geworden und trauen nie mehr einem Verlag, bevor nicht ein Anwalt den Vertrag gelesen und rechtlich für okay befunden hat. Es ist sehr schwer, so ein Vertragsverhältnis zu lösen, weil oft kein Zeitpunkt genannt ist, für wie lange ihr die Rechte an eurem Buch abgetreten habt. In der Freude über den Vertrag wird das oft von den Autoren übersehen. Wer denkt schon daran, den Vertrag lösen zu wollen, wenn man den Sekt für den Erfolg schon kalt gestellt hat?

Ich möchte euch nun stellvertretend für alle, die das schon durchmachen mussten, die Geschichte von Erika B. (fiktiver Name) erzählen. Als Warnung für alle Unerfahrenen.
Erika B. hatte gerade das Wort ENDE unter ihr Manuskript geschrieben und träumte vom Besteller, den sie so dringend gebraucht hätte. Ihr Roman hatte sogar ein Lektorat und ein Korrektorat erhalten, welches ihr ihre Deutsch-Lehrerin kostenlos angeboten hatte. Die Dozentin an der Uni wusste, wie schwer es für Erika B. war, ihre 3 Kinder zu ernähren, nachdem ihr Mann an Krebs gestorben war. Genau um diesen Tod ging es in dem autobiografischen Roman.
Aber leider wurde der Traum zum Albtraum.
Nachdem sie ihr korrigiertes Manuskript zurückerhalten hatte, suchte sie fieberhaft nach einem Verlag. Von Selfpublishing hatte sie noch nie etwas gehört. Auch was

E-Books sind, wusste sie nicht. Eines Tages sah sie in der einzigen seriösen Frauenzeitschrift, die sie seit Jahren abonniert hatte, folgende Werbe-Anzeige:

Ich verwirkliche Ihren Traum vom eigenen Buch. Schnell, unbürokratisch und billig.

Dazu war ein Bild mit 5 Sternen und einer glücklich lachenden Frau abgebildet.
Sofort riss sie diese Anzeige aus der Zeitschrift und telefonierte mit dem Verlag. Sie wurde freundlich begrüßt und ohne überhaupt über Geld zu reden, forderte der Verleger sie auf, sofort ihr Manuskript an den Verlag zu senden.
Nach wenigen Tagen hatte der Verleger angeblich alle 257 Normseiten gelesen und überhäufte die nichts ahnende Hausfrau mit Komplimenten, wie spannend, wie mitreißend und wie perfekt alles geschrieben wäre.
Erika B. dachte nicht mehr daran, dass ihre Deutsch-Dozentin ihr gesagt hatte, es wäre ein mittelmäßiges Buch, welches aber durchaus Leser fesseln könnte.
Nun, ihr Verleger kam nun zur Sache. Er erwähnte, dass für den Druck und das Cover Kosten in Höhe von 8.000 Euro anfallen würden, die sie bezahlen müsse, und dann locker innerhalb weniger Monate durch ihre Verkäufe wieder einnehmen würde.
Er rechnete ihr sogar vor, dass sie mit 30 Prozent Tantiemen monatlich locker 1.000 Euro einnehmen könne, sobald das Buch auf dem Markt wäre.
Als die Frau zugab, in finanziellen Schwierigkeiten zu sein, zeigte er ihr einen Weg, dieses Problem zu umgehen. Sie hatte erzählt, ein eigenes Haus zu haben,

und darauf solle sie eine Hypothek aufnehmen. Ihre Bank gewährte ihr dies ohne große Probleme. Als Grund gab sie Ausgaben für die Familie an.

Es kam tatsächlich zum Vertragsabschluss und zur Überweisung des Betrages an den Halsabschneider-Verleger.

Nach einigen Wochen wurden ihr 20 Bücher zugeschickt, ein mittelmäßiges Buch-Cover und ein ansprechender Klappentext auf der Rückseite mit einem Bild von ihr und ihrem verstorbenen Mann. Erika B. war im siebten Himmel und ging sofort zu ihrer Deutsch-Dozentin, um ihr ein signiertes Buch zu schenken.

Was sie dann hören musste, machte ihr Angst. Ihre Helferin klärte sie darüber auf, dass sie auf einen Gauner hereingefallen sei, denn kein Verlag verlange Geld für eine Buch-Veröffentlichung.

Noch wollte sie das alles nicht glauben, immerhin hatte sie 19 Bücher zuhause, die sie für 15 Euro pro Buch anbieten sollte. So hatte ihr das ihr Verleger vorgeschrieben. Zwei Freundinnen und zwei Nachbarinnen kauften ihr noch Bücher ab. Die restlichen 15 Exemplare liegen wohl heute noch bei Erika B. brach.

Nach zwei Monaten fragte sie beim Verlag nach, wie viele Bücher sie über den Verlag und die versprochenen Werbe-Maßnahmen verkauft hätte. Die Antwort war niederschmetternd – kein einziges Buch! Aber ihr wurde Mut gemacht, wieder gab es falsche Versprechungen und Aussagen wie, dass jedes Buch seine Anlaufzeit brauche und so weiter und so weiter.

Die arme Frau hat bis heute über diesen Verlag kein einziges Buch verkauft, und der Verlag hat 8.000 Euro eingestrichen, um 20 Bücher drucken zu lassen. Wobei das noch wenig ist, ich habe schon von Autorinnen mit noch größeren Verlusten gehört.

Lasst euch das bitte eine Warnung sein, liebe angehende Autoren und Autorinnen! Lest ruhig mal in den verschiedenen Gruppen, die es für Autoren in den sozialen Netzwerken gibt, was so alles passieren kann, wenn man sich mit gierigen, skrupellosen Verlegern einlässt.
Ein Autor hat das einmal in einer dieser Gruppen sehr schön ironisch zusammengefasst. Lest hier seine Worte, denn ich finde, Herr Rudolph hat das alles sehr schön ironisch auf den Punkt gebracht.
Ihr schmunzelt darüber? Aber es gab tatsächlich viele angehende Autoren, die so oder ähnlich gehandelt hatten.
Dieter Paul Rudolph sagt am 15. Dezember 2014
Immer wieder werde ich gefragt: ›Dpr, wie haben Sie es eigentlich geschafft, ein solch erfolgreicher Autor zu sein? Auch ich habe ein Buch geschrieben, aber es verkauft sich nicht. Irgendwelche Tricks? Weisheiten?‹ Meine Antwort: Natürlich! Jeder kann es schaffen! Vorausgesetzt, die literarische Begabung hält sich in Grenzen. (Allgemeines Nicken und Aufatmen) Es sind genau zehn Schritte, die zwischen deiner heutigen Erfolglosigkeit und deinem Erfolg von morgen liegen! Hier sind sie! Nur für dich! Exklusiv!
1. Du schreibst? Das ist nichts Besonderes. Die wirklich raren Menschen im Bookbusiness sind die Leser! Also konkurriere nicht mit ihnen und fasse ab sofort kein Buch mehr an! Sowieso vergeudete Zeit, weil in diesen Büchern immer die Sachen stehen, die du gerade schreibst.

2. Beginne deinen Roman mit einem Prolog. Wenn du nicht weißt, was das ist, beginn ihn mit einem Epilog. Kauf dir Papyrus Autor und halte dich an die Vorgaben der Stilanalyse. Keine Sätze mit mehr als sieben Wörtern! Das ist so unappetitlich wie Krätze und Bayern München zusammen.
3. Du willst Verlagsautor werden? Dann unbedingt zu einem DKZV! Du bist zu gut, um zu irgendwelchen Billigheimern zu gehen, die am Ende deine Bücher umsonst veröffentlichen und dir sogar noch Geld dafür zahlen! Merke: Was nichts kostet, taugt nichts!
4. Solltest du Selfpublisher werden wollen: Pfeif auf den Lektor! Nicht ohne Grund soll Goethe 1798 erzürnt ausgerufen haben: »Lecktorier er mich doch am Arsche, die Adjektive bleiben drin!«
5. Du weißt, wer Goethe ist? Sorry, du kannst kein Autor, keine Autorin sein. Geht zurück auf 1.
6. Unbedingt deinen Facebook-Namen wechseln! Mach aus »Gerda Döns« am besten »Autorin Gerda Döns« oder noch besser »Eugenia G. Döns Autorin«. Woher sollen die Leser sonst wissen, dass du ein neuer Player auf dem Markt bist.
7. Apropos Facebook: Unbedingt in sämtliche literarische Gruppen eintreten! Stell dämliche Fragen (»Wie kriegt ihr die Eselsohren in euren E-Books weg?«) oder antworte erbost auf andere dämliche Fragen (»Gibt es einen Unterschied zwischen das und dass – und wenn ja, warum kennt den niemand?«)
8. Dein Buch ist endlich da! Kündige deinen Job, tausche deine Lebenspartnerin, deinen Lebenspartner gegen ein aktuelles Modell und warte auf den Erfolg. Du hast 12 Euro in Werbung investiert, er wird also garantiert kommen.

9. *Sollte er wider Erwarten nicht kommen, gehe wieder auf 1. zurück und versuche dein Glück erneut.*
10. *Wenn dir das zu unsicher ist, versuch es mit Hochleistungsweitspucken.*

Einfach köstlich, wie Herr Rudolf das alles ironisch zusammenfasst. Aber ihr werdet es kaum für möglich halten, alle dieser 10 Punkte sind von Autoren schon so erlebt oder gehandhabt worden.
Herr Rudolf ist erfahrener Autor und steht uns allen auch als Lektor zur Verfügung. Ich danke ihm recht herzlich auf diesem Wege, dass er mir das Veröffentlichungsrecht für seinen Beitrag, den ich in der Autoren-Gruppe für Selfpublisher gefunden habe, erteilt hat.
Wenn ihr mehr über ihn erfahren möchtet, schaut einfach mal in seinen Blog über Selfpublishing rein.

https://einhornarmee.wordpress.com/

Diese Gruppe für Autoren Selfpublishing
https://www.facebook.com/groups/184413921615603/?ref=ts
wurde von Holger Ehling gegründet. Einer der Moderatoren, der uns immer mit Rat und Tat zur Seite steht, ist Mathias Matting. An dieser Stelle einmal mein Dank an ihn für alles, was ich von ihm und anderen Autoren in dieser Gruppe bis heute lernen durfte. Ein kompetenter Autor, der meistens über alles informiert ist, was wir Autoren wissen sollten. Dieses Wissen vermittelt er uns auch in seinen Büchern, die ihr hier findet.
http://www.selfpublisherbibel.de/

Ein wichtiges Buch für Selfpublisher:

http://www.ebook-vermarkten.de/produkt/die-selfpublisherbibel-autoren-handbuch-fuer-verlagsunabhaengiges-publizieren-signiert/

Noch ein wichtiger Beitrag von Mathias Matting, den ich gerne wörtlich übernehme. Autoren sollten sich gewählt ausdrücken können und bestimmte Formulierungen vermeiden. ER kann das! Wir haben in unserer Sprache ausreichend Möglichkeiten, um uns ausdrücken zu können, ohne dass wir bestimmte Gruppen abwertend betiteln müssen. Was Scheiße ist, darf Scheiße bleiben. Mathias Matting sagt:

Das gilt auch für Worte wie »Neger« oder »Zigeuner«.

Diese Begriffe werden von den damit angesprochenen Menschen als abwertend betrachtet. Das war nicht immer so. Astrid Lindgren hat den Vater von Pippi Langstrumpf noch als Negerkönig beschrieben, vor 70 Jahren. Aber heute ist es so. Wer das nicht glaubt, frage doch einfach mal einen der so bezeichneten Menschen. Es ist nicht bloß »politisch unkorrekt«, »Neger« oder »Zigeuner« zu sagen oder auch damit Zusammensetzungen wie »Negerkuss« zu bilden. Es ist eine Beleidigung, nichts anderes als »Arschloch« oder »Pissnelke«, nur dass damit nicht nur ein einzelner Mensch gemeint ist, sondern gleich eine große Gruppe von Menschen. Das ist, man verzeihe den drastischen Ausdruck, nicht »unkorrekt«, sondern Scheiße.

Ich denke, dass ich euch bis jetzt die wichtigsten Schritte bis zur Veröffentlichung eures Buches ausreichend

erklärt habe. Aber wenn ihr so weit seid, ist euch der Erfolg noch nicht sicher und die Arbeit noch lange nicht zu Ende. Im Gegenteil, sie geht jetzt erst richtig los!
Informiert euch bitte rechtzeitig vor der Veröffentlichung, wie man mit Lesern und Kollegen öffentlich umgeht. Meistens wollt ihr etwas von ihnen und nicht sie von euch. Äußerungen wie »Das müsst ihr lesen, das müsst ihr kaufen«, solltet ihr unterlassen. Ein Leser muss gar nichts! Es ist eure Aufgabe, den Leser freundlich dazu zu verlocken, sich eure Bücher näher anzuschauen.

Sabine M. (Name erfunden) hatte dieses Prinzip wohl nicht erkannt und ging sogar so weit, Kollegen und Leser öffentlich zu erpressen.
Wörtlich schrieb sie einmal: »Wenn ihr mein Buch nicht lest, werde ich eure Bücher lesen und dann dementsprechend rezensieren!«
So etwas kann übel aufstoßen und geht überhaupt nicht.

Sucht euch Freunde unter den Bloggern

Blogger sind meistens gute Helfer, um eure Bücher im Internet bekannt zu machen, denn soziale Netzwerke allein reichen nicht aus. Viele von ihnen schreiben täglich einen Blog-Beitrag über die unterschiedlichsten Themen, und wo eure Bücher passen, stellen sie auch gerne Autoren vor. Blogger sind meist untereinander verlinkt, und so verbreitet sich euer Buch dann im Netz. Aber ihr müsst aufpassen, wen ihr auswählt.

Eine Bloggerin hatte mir einmal angeboten, dass sie auch mein Buch in ihrem Blog für Buchempfehlungen mit ihrer Rezension gerne vorstellen wollte. Irgendetwas hielt mich davon ab, weil sie neu auf dem Markt war und auch noch keine Reichweite hatte. Ich hatte mich damals freundlich bei ihr bedankt und angedeutet, dass ich ihr irgendwann eines meiner Bücher schicken werde, aber ich habe es bis heute noch nicht getan.

Ich wollte mir erst selbst einmal ein Bild von ihr machen und das Bild, das ich heute habe, gefällt mir nicht.

Lasst es mich in einer Geschichte verdeutlichen.

Marry R. (fiktiv natürlich) ist täglich bei Facebook zu finden und beklagt sich fast immer über irgendetwas in vulgärem Ton. In allen Werbegruppen bietet sie an, Bücher zu lesen und zu rezensieren. Zahlreiche Autorinnen und Autoren nehmen ihr Angebot dankend an. Aber irgendwie merkt man, dass bei ihr nicht, wie bei vielen seriösen Bloggerinnen, die Liebe zum Lesen im Vordergrund steht. Was sie dazu veranlasst, weiß man nicht genau. Auf jeden Fall nicht der Drang zum Lesen. Sie rechtfertigt sich ständig öffentlich, keine Zeit oder

kein Internet zu haben, oder führt Entschuldigungen an, warum sie bestimmte Bücher noch nicht rezensiert hätte. Ich kenne viele Blogger, die wirklich gerne lesen und dann auch qualifizierte Blog-Beiträge darüber verfassen und in schönem Design darstellen. Für solche Beiträge sind wir alle sehr dankbar.
Marry R. kann das auch, wenn sie will, aber sie greift Autoren auch öffentlich an, wenn sie wütend ist. Außerdem übernimmt sie sich mit zu vielen Büchern, die sie in einer bestimmten Zeit lesen sollte. Da kann ja keine Freude am Lesen mehr aufkommen.
Wie bei allen kostenlosen Leistungen, die uns von irgendwelchen Personen angeboten werden, ist hier Vorsicht geboten, damit man sich mit diesen Diensten als Autor nicht selbst schadet.

Aber es gibt auch durchaus positive Erfahrungen, die andere mit Bloggern gemacht haben.
Ich erzähle euch einmal, wie es Bücher-Liesel (ob es die gibt, weiß ich nicht, wäre Zufall) macht.
Bücher-Liesel hat seit Jahren einen »Multi-Blog«, wo sie über alles berichtet, was ihr einfällt. Es geht von Kochrezepten über Reisebeschreibungen und Reisezielen bis hin zu Büchern und Filmen. Ihr Blog wird täglich von mindestens 200 Lesern gelesen, was ihr Besucher-Zähler auch anzeigt. Um diese Zahl zu erreichen, muss man Abwechslung bieten und kann es sich nicht erlauben, Leser zu verärgern. Sie stellt ihre Blog-Beiträge auch in den sozialen Netzwerken vor und hat einen Ratgeber im Selfpublishing veröffentlicht. Sehr gerne berichtet sie auch über Bücher, die sie gelesen hat und verlinkt das Buch-Cover dann direkt mit Amazon und anderen Shops.

Zuvor fragt sie aber die betreffenden Autoren, ob es ihnen recht ist.
Warum sie das macht? Weil sie Spaß am Lesen hat und ein gewisser Zwang dahinter steht, jeden Tag etwas Interessantes berichten zu müssen. Sie lässt zu, dass Werbung auf ihrem Blog erscheint und erhält ein paar Cent, jedes Mal, wenn User diese Werbung anklicken. Das lohnt sich aber nur, wenn man eine hohe Besucherzahl hat und einige dieser Werbungen gleichzeitig zulässt.

Sympathische Kollegen und Beißzangen

Es gibt so viele nette, sympathische, hilfreiche Kollegen in der Autorenwelt, das möchte ich vorausschicken, aber leider gibt es auch genau das Gegenteil davon, nämlich hinterhältige Beißzangen.
Jeder Autor freut sich über seine kleinen und größeren Erfolge und es ist ganz natürlich, dass man platzt vor Freude, über eine gute Idee zu einem neuen Buch oder über einen Artikel, den man veröffentlichen möchte.
Leider machen einige Kollegen den Fehler, ihre Freude mit den falschen Freunden zu teilen. Ich kann das Bedürfnis, darüber reden zu wollen, durchaus verstehen, aber es gilt immer noch die Regel, dass Schweigen Gold ist.
Lest, wie es einer Autorin erging, die sich nicht an diese Regel hielt.

Die Kollegin war mehr als glücklich, gerade das Wort ENDE unter ihr Manuskript geschrieben zu haben und teilte das sofort freudig auf ihrer Autorenseite und in einer Facebook-Gruppe mit damals 1.000 Mitgliedern mit. Es dauerte nicht lange, bis die ersten Fragen nach dem Inhalt kamen. Auch nach ihrer Idee für ihr neues Buch-Cover wurde sie gefragt. Da die Autorin aber nicht ganz blöd war, gab sie nur vage Auskünfte und ging nicht ins Detail zu ihrem neuen Roman.
Anscheinend hatte jemand Lunte gerochen und sofort einen öffentlichen positiven Kommentar hinterlassen. Danach schrieb sie die Autorin privat an und beglückwünschte sie zu der super Idee und bot an, das Buch vorab als Testleserin lesen zu wollen. So etwas ist

üblich auf dem Markt und wird auch unter uns so gemacht, dass wir gegenseitig auf Freundschaftsbasis unsere Bücher lesen, bevor wir sie auf den Buchmarkt loslassen. Oft ergibt sich daraus ein konstruktiver Gedankenaustausch und es wird zusammen am Plot gefeilt. Kurz und gut, die Kollegin schickte der neugierigen Dame ihr gerade beendetes Manuskript. Was dann geschah, ist wirklich das Übelste, was einem Autor passieren kann.

Nach wenigen Tagen bekam sie Antwort von der Testleserin, die ihr Buch auf einmal total langweilig fand. Falsch im Aufbau wäre es und auch der Schreibstil primitiv und nicht zu gebrauchen. Außerdem bestünden keine Aussichten, sich damit bei den Lesern einen Namen zu machen, weil es schon tausende ähnliche Storys geben würde, sagte die Dame.

Ihr könnt euch sicher vorstellen, wie enttäuscht die Autorin war. Die Kritikerin schaffte es tatsächlich, die Autorin weiter zu demoralisieren, indem sie ihr sagte, sie würde das Buch so erst einmal nicht veröffentlichen und noch weiter daran arbeiten. Traurig warf diese Autorin ihr Manuskript in den Müll. Sie hatte keine Lust mehr, daran zu arbeiten. Man hörte auch kaum mehr etwas von ihr in den sozialen Netzwerken, bis sie eines Tages mit folgender Aussage wieder auf ihrer Autorenseite erschien: »Ihr werdet es nicht für möglich halten. Meine Idee wurde geklaut. Es gibt ein Buch auf dem Markt, dass ich so ähnlich geschrieben hatte und nun ist es auf dem Markt, aber nicht von mir.«

Keine fünf Minuten vergingen, und die besagte Dame, die das Buch veröffentlicht hat, äußerte sich folgendermaßen: »Ich habe deine Idee nicht geklaut, dein Text war fehlerhaft und schlecht, ich habe daran vieles

erweitert und verbessert. Rechtlich hast du gar keine Chance und nichts gegen mich in der Hand.«
Sofort kamen die Fans der Autorin zu Hilfe und verteidigten die Ideen-Räuberin. Ich dachte, ich höre (lese) nicht richtig! Aber so kann es gehen! Gebt niemals eure Ideen preis, bevor euer Buch nicht auf dem Markt ist!
Die geschädigte Autorin unternahm keine rechtlichen Schritte, weil sie sich wenig Aussichten auf einen Erfolg bei einer Klage machte.
Wer den Schaden hat, braucht für den Spott nicht zu sorgen. Genau so erging es der Geschädigten auch noch. Zum Schluss wurde sie belächelt von erfahrenen Kolleginnen, die ihr die Schuld gaben, weil sie einer ihr unbekannten Testleserin blind vertraut hatte. Leser, die leider die schlaue Ideen-Räuberin anhimmelten, beschimpften die Geschädigte auf das Übelste, sodass es manchmal wirklich verletzend war, und kritisierten ihre Unfähigkeit, gute Bücher schreiben zu können. Sogar Neid wurde ihr unterstellt. Wirklich keine schöne Geschichte, die zeigt, dass es clevere Beißzangen unter uns Autoren gibt, die mit Vorsicht zu genießen sind. Nicht jeder, der freundlich lächelt und dir ›Zucker gibt‹, meint es auch wirklich gut mit dir!

Zu diesem Thema fällt mir auch noch eine andere Geschichte ein, die zeigt, dass man in den sozialen Netzwerken mit allem rechnen muss.
Beispiel:
Zwei Autorinnen, die sich gegenseitig nicht gerade grün sind, treffen sich unter dem Posting einer dritten Kollegin. Die eine, nennen wir sie Andrea, kommentiert der Seiteninhaberin Angelika, die gerade ihr 1. Buch

veröffentlicht hat und wünscht ihr Glück. Die andere, die Andrea aus irgendeinem Grund noch nie leiden konnte, wünscht Angelika auch viel Glück und fügt hinzu: »Andrea, alte Schleimer-Tante!« Natürlich regt sich Andrea mächtig darüber auf und rechtfertigt sich öffentlich. Danach musste sie erst einmal aufs stille Örtchen. Inzwischen war die Seiteninhaberin Angelika auch on und bedankte sich bei jedem für die Glückwünsche, außer bei Andrea. Als diese von der Toilette zurückkam, suchte sie weitere Kommentare von ihrer Rivalin. Diese fand sie aber nicht. Was sie fand, waren erstaunte Kollegen, die sie alle fragten, was denn los wäre und warum sie so geladen und stinksauer wäre. Es dauerte eine ganze Weile, bis Andrea dahinter kam, was passiert war. Sie scrollte einige Kommentare weiter hoch und stellte fest, dass ihre Rivalin den Zusatz »Andrea, alte Schleim-Tante« wieder gelöscht hatte. Sie wollte es den Kollegen aber nicht öffentlich erklären, weil sie nicht wusste, wie sie das beweisen sollte. Ginge ganz einfach, sie hätte nur auf den Bearbeitungsverlauf des Kommentars verweisen müssen, aber das lernte sie erst viel später. In diesem Moment, blieb ihr nichts anderes übrig, als ihren Kommentar, der völlig sinnlos und aus der Luft gegriffen erschien, zu löschen und zum ganzen Vorfall zu schweigen.

Fazit: Immer mal überprüfen, wenn euch sinnlose Kommentare bei Facebook über die Startseite rollen. Es gibt miese Tricks, um andere in schlechtem Licht erscheinen zu lassen.

Gute Taten und beispielhafte Autoren

Aber nun habe ich genug kritisiert. Ich möchte auch einmal ein paar gute Beispiele über Kollegialität unter uns Autoren aufzählen, um euch den Unterschied klar zu machen.
»Es gibt wie in jedem Gewerbe eben SOLCHE und SOLCHE!«
Eine Autorin mit mehreren kleinen Kindern verlor durch schwere Krankheit ihren Mann. Sofort waren die Kollegen da, um sie emotional, und einige wenige auch finanziell, zu unterstützen in ihrer Not.
Das fand ich wirklich eine gute Tat.
Ein weiteres Beispiel sind aufopfernde ehrliche Testleserinnen, die ihre Zeit kostenlos opfern, um jungen und alten Kollegen ratend zur Seite zu stehen. Solche Autoren, manchmal auch Deutsch-Lehrerinnen oder Lektorinnen im Ruhestand sind ein Geschenk des Himmels und für uns unbezahlbar.
Autoren, die sich für Kollegen einsetzen und nicht nur an ihren persönlichen Vorteil denken, durfte ich auch kennenlernen und bin sehr dankbar, dass es solche Kollegen noch gibt.
Aber leider sind sie nicht die Regel, sondern eher die Ausnahme.

So haben sich Autorinnen/Autoren zusammengetan und uneigennützig Beiträge für Anthologien zur Verfügung gestellt. Diese Bücher werden dann für gute Zwecke als Spende bereitgestellt und haben Gutes bewirkt.
Hierbei waren es nicht wenig Beteiligte, die auf die eigene Vermarktung ihrer Werke verzichtet haben.

Außerdem gibt es Autorinnen/Autoren, die sehr gute Einfälle haben. Anstatt diese aber nur für sich zu beanspruchen, geben sie diese Ideen weiter, sodass alle interessierten Kollegen/innen davon profitieren können.

Gegenseitiger Respekt und Vertrauen sind es, was die Autoren auszeichnet, die ihre Mitmenschen achten, wie es sein soll, nämlich als Kollegen und nicht als Rivalen. Dazu fällt mir die Anthologie ein, die mit vielen namhaften Autoren entstanden ist. Es waren die Mitglieder der Autoren-Gruppe »Portal für Leser, Autoren, Blogger, Grafiker« der ich vor Jahren auch angehört hatte, die dieses schöne Buch zusammen veröffentlicht haben, welches heute noch auf dem Markt ist und Einnahmen für den guten Zweck erzielt.
Schaut es euch an.
https://www.amazon.de/Kindheit-ist-k-ein-Kinderspiel/dp/1483971848/ref=sr_1_1?s=books&ie=UTF8&qid=1484152711&sr=1-1&keywords=Kindheit+ist+%28k%29+ein+Kinderspiel

Der Verkaufserlös dieses Buches geht vollständig an die Elterninitiative ›Helping Hands for Dome‹, die krebskranke Kinder unterstützt.

Eine weitere Anthologie wurde erstellt, um den Kindern des Vereins HERZLICHT in Grünbach eine dauerhafte Spende zukommen zu lassen. Auch dieses Buch könnt ihr euch gern einmal anschauen.
https://www.amazon.de/Gedanken-zur-Weihnachtszeit-gemeinn%C3%BCtziges-Facebookgruppe/dp/1480261904/ref=sr_1_2?s=books&i

e=UTF8&qid=1484153326&sr=1-2&keywords=Gedanken+zur+Weihnachtszeit

Autoren, Leser, Blogger und Grafiker trafen sich hier, nicht nur, um immer ihre eigenen Interessen zu verfolgen, sondern aus purer Freundschaft und auch, um für die Allgemeinheit einzutreten.

Diese Autoren-Gruppe, von der wir damals alle profitiert haben, wie heute von der Selfpublisher-Gruppe, die Mathias Matting moderiert, gibt es leider nicht mehr. Zeiten ändern sich und die Administratoren setzten sich Prioritäten, weil sie merkten, dass sich mit wachsender Mitgliederzahl auch der Umgang untereinander veränderte, es nur noch Arbeit machte und kein Spaß mehr aufkam. Das war einer der Gründe, warum diese erfolgreiche Gruppe von der Gründerin Scully van Funkel aufgelöst wurde.

Rezensionen

Beispielhaft zu erwähnen sind auch Autoren und Leser, die für jedes von ihnen gelesene Buch eine Rezension bei dem Verlag hinterlassen, wo es veröffentlicht wurde, oder irgendwo in den sozialen Netzwerken einen öffentlichen Kommentar zum Buch abgeben. Ihr könnt es mir glauben, so etwas baut unheimlich auf, spornt an, weiter Bücher zu schreiben und hilft natürlich auch finanziell, weil man dadurch mehr verkauft, wenn die Beurteilung gut ausfällt. Sollte die Rezension schlecht ausfallen, kann man dadurch nur lernen, wenn die Kritik konstruktiv und gerechtfertigt ist. Damit wäre ich dann schon beim nächsten Punkt, über den es einiges zu sagen gibt.

Jeder Autor erhofft sich, dass seine Bücher von euch Lesern positiv beurteilt werden. Leider ist es nur ein kleiner Teil von euch, der sich die Zeit nimmt, nach dem Lesen ein paar anerkennende Worte bei dem Verlag, wo er das Buch gekauft hat, für den Autor zu hinterlassen, falls ihm das Buch gefallen hat. Ein größerer Teil von euch ist aber sofort bereit, sich öffentlich zu beschweren, wenn jemandem ein Buch berechtigterweise nicht gefallen hat. Das finde ich sehr schade. Des Lesers Dank ist des Autors Lohn, denkt einmal darüber nach!
Aber es gibt auch noch anderes zum Thema Rezensionen zu berichten. In einer meiner Geschichten hatte ich es schon erwähnt. Nennen wir es einmal so:
»Wie du mir, so ich dir.«

Es gibt tatsächlich Menschen, die sich für eine schlechte Beurteilung zu einem Buch am Kollegen rächen. Wenn ein Autor zum Beispiel einem anderen irgendwie auf die Füße getreten ist, sucht jener ein Haar in der Suppe an einem deiner Bücher und rezensiert es öffentlich schlecht. Autoren wissen, dass so etwas die härteste Strafe ist, die sie Kollegen antun können. Deshalb rate ich jedem Leser, sich ein eigenes Urteil über Bücher zu bilden und sich nie durch schlechte Rezensionen beeinflussen zu lassen!

Ein weiterer Punkt ist leider, dass sich Leser auch nicht immer auf die positiven Rezensionen zu einem Buch verlassen können. Zu oft werden Beurteilungen gekauft, ja, es wird vom Autor bezahlt, dass sein Buch öffentlich gelobt wird. Wenn eine Neu-Veröffentlichung nach wenigen Stunden bereits zahlreiche positive Rezensionen hat, dann stinkt das meiner Meinung nach zum Himmel. Kein Autor leistet sich 50 Vorableser, die dann alle auch noch sofort nach der Veröffentlichung rezensieren. Vorableser, Testleser, legitime Sache und auch richtig, dass sie sehr früh nach der Veröffentlichung rezensieren, aber auf die Anzahl und das Erscheinungsdatum der Rezension (wie lange nach der Veröffentlichung) sollten die Leser achten. So lernt ihr ehrliche Beurteilungen von falschen Beurteilungen zu unterscheiden.

Dann gibt es noch die sogenannten Gefälligkeitsrezensionen nach dem Motto: »Du beurteilst mein Buch gut, dann beurteile ich dein Buch gut.« Dagegen spricht natürlich einiges. Erstens würde ich mich über eine geheuchelte Rezension nicht ehrlich freuen können und zweitens verliert man schnell an Glaubwürdigkeit, wenn man sich als Autor dazu verleiten lässt, alle Bücher der Kollegen gut zu finden.

Aber macht nun nicht den Fehler und schert alle Autoren, die ein Buch rezensieren, über einen Kamm. Es gibt viele Autoren, die Lesen wirklich zahlreiche Bücher und sagen dann genau wie ihr Leser ihre ehrliche Meinung. Ganz einfach, weil sie wissen, wie wichtig das für uns ist. Oft halten sie auch mit berechtigter Kritik nicht hinterm Berg, wenn ein Buch Mängel aufweist, um euch Leser zu schützen, damit niemand enttäuscht wird.

Um es noch einmal ausdrücklich zu sagen, liebe Leser, lest und rezensiert, damit macht ihr uns die größte Freude.

Kollegen und Kolleginnen, lasst euch nicht auf den sogenannten »Rezensions-Austausch« ein! Irreführung der Leser mag ich überhaupt nicht!

Kauft KEINE Rezensionen, denn es fällt auf.

Leider musste ich auch feststellen, dass einige Autoren sich mit gekauften Rezensionen und Gefälligkeits-Bewertungen in die Top 100 bei einer großen Plattform hoch geschummelt haben. Ein Platz in den TOP 100 ist heute keine Garantie mehr, dass es sich wirklich um einen Top-Autor und ein Top-Buch handelt

Es gab oder gibt immer noch »Geheime Gruppen« bei Facebook, wo diese Autoren sich verabreden, um dann so zu handeln.

So wurde mir von Insidern berichtet und ich wurde auch schon über eine private Nachricht in so eine Gruppe eingeladen.

Natürlich werde ich keine Namen nennen, aber diejenigen, die gemeint sind, wissen nun, dass es bekannt geworden ist. Leser durch gute Rezensionen zu täuschen, von Büchern, die ihr nie gelesen habt, oft die Autoren selbst den Text schon vorgegeben haben, den ihr auf den Plattformen einstellen sollt, ist nicht fair und kann auch leicht mal ins Auge gehen. Stellt euch mal vor, wenn ihr öffentlich von einem Leser etwas gefragt werdet zu einem Buch, das ihr rezensiert, aber nicht gelesen habt, und ihr könnt dann aus dem Stegreif keine Antwort darauf geben – peinlich so etwas.

Um noch mal kurz auf die großen Plattformen zurückzukommen, leider werden auf einer von ihnen eingestellte Rezensionen wohl eher nach Lust und Laune behandelt, anstatt nach wirklichen Aussagen des Rezensenten.

So wurden mir zum Beispiel Rezensionen verwehrt mit der Begründung des Betreibers: »Sie kennen den Autor persönlich.«

Natürlich kennen sich Autorinnen und Autoren auch untereinander, aber in den meisten Fällen, wie auch in meinem, kennen wir uns nur virtuell. Das ändert doch nichts an der Tatsache, dass ich das Buch gelesen habe und es objektiv beurteilen kann. Sogar die Tatsache, dass ich die Bücher gekauft habe, wie jeder andere Leser auch, änderte nichts an dieser Ansicht des Betreibers.

Also zweierlei Maß beim Sichten der Rezensionen.

Wenn ich es aus meiner Sicht mal betrachte, werden auch Bücher von Selfpublishern anders vom Betreiber behandelt als solche, die über einen Verlag eingestellt wurden.

So sehe ich die Dinge auf dem Buchmarkt und möchte mein Wissen an euch Leser weitergeben, damit ihr euch dann ein eigenes Urteil bilden könnt.

Freundschaften unter Autoren

Gibt es die denn überhaupt? Bei dem harten Buchmarkt, den ich euch bis jetzt beschrieben habe, könnte man daran zweifeln. Aber Ausnahmen bestätigen immer die Regel. Ich persönlich habe einige Autoren und Autorinnen gefunden, die ich als meine FREUNDE und nicht nur als meine Kollegen bezeichnen darf.
Aber bis es so weit war, musste ich auch Lehrgeld bezahlen.
Nicht jede oder jeder, der freundlich zu dir ist, ist auch wirklich dein Freund. Nicht jede oder jeder, der dich lobt, meint es wörtlich. Nicht jede oder jeder, der dein Buch an andere weiterempfiehlt, hat es gelesen.
Freundschaft ist ein Oberbegriff, der viele Aspekte beinhaltet. Für mich gehört zu einer Freundschaft, dass man sich aufeinander verlassen kann und sich nicht gegenseitig in die Pfanne haut. Man unterstützt sich und empfiehlt Lesern bei jeder Gelegenheit nicht nur seine eigenen Bücher, sondern auch die von befreundeten Kollegen.
Ich musste leider auch schon von jungen Kollegen wortwörtlich lesen: »Warum sollte ich dich empfehlen, ich schreibe schließlich selbst Bücher!« Tja, auf solche Freunde kann ich gerne verzichten. Genauso kann ich auf Freunde verzichten, die mir sofort nach der Freundschaftsanfrage Like-Anfragen für ihre Autoren- und Webseite schicken. Ich entscheide immer noch selbst, was mir gefällt oder nicht gefällt.
Ich bin die Letzte, die Kollegen nicht unterstützt, aber man darf mir nicht mit der Tür ins Haus fallen. So war das von mir gemeint.

Freundschaft heißt für mich auch Verschwiegenheit. Ich muss mich absolut darauf verlassen können, wenn ich mich zu einer Aussage im Chat oder per Telefon hinreißen lasse, dass die auch nur bei dieser Person, dieser Freundin bleibt und nicht weitererzählt wird. Solche Freunde habe ich unter Autoren gefunden. Aber sie sind selten geworden, weil der Buchmarkt ein hartes Geschäft ist. Viele Autoren träumen vom Bestseller und nützen, wenn möglich, Insider-Infos zu ihrem eigenen Vorteil aus. Ich würde nie mit Autoren, denen ich nicht hundertprozentig vertraue, über meine Buchprojekte reden oder ihnen persönliche Probleme anvertrauen.

Nun, ein weiterer Aspekt, den ich zum Thema Freundschaft anführen möchte, ist das Verhalten gegenüber Kollegen in den verschiedenen Autoren-Gruppen bei Facebook und auf anderen Plattformen. Es gibt Werbegruppen, die auch von Lesern gerne besucht werden. Ich stelle dort meine Bücher vor und Kollegen stellen ihre Bücher vor. Gefallen mir ihre Werbung und das Buch, so lasse ich gerne positive Kommentare dort, das hilft, die Sichtweite dieser Bücher zu erweitern. Meistens revanchieren sich befreundete Kollegen dann. Dann gibt es noch Gruppen, wo sich mehr Autoren als Leser tummeln und jeder dem anderen den Rang ablaufen will, wie mir es manchmal scheint. Jeder scheint es noch besser zu wissen, wenn irgendwelche Fragen gestellt werden. Jeder scheint noch besser informiert zu sein, obwohl manchmal ganz klar ersichtlich ist, dass derjenige von Tuten und Blasen keine Ahnung hat. Man will einfach etwas antworten, um gesehen, gelesen zu werden. Schließlich ist man Autor und man muss sich in

Autorenkreisen bewegen. So ist wohl der Gedankengang mancher Autoren.
Nichts gegen solche Gruppen, ich lese dort oft gerne mit und habe auch schon viel dabei lernen dürfen. Wir Selfpublisher sind ja für jeden gut gemeinten Rat dankbar. Aber man muss vorsichtig sein in solchen Gruppen. Es sind Haifisch-Becken, wo sich eben auch der Abschaum von ›Möchtegern-Autoren‹ tummelt. Man muss abwägen, welchen Ratschlägen man folgt und welchen nicht. Oft ist auch versteckte Eigenwerbung in den Ratschlägen enthalten, wenn sich zum Beispiel Lektoren über die Rechtschreibfehler der jungen Kollegen lustig machen oder Cover-Designer das Cover der Kollegen kritisieren.
Dann gibt es noch Verlagsautoren, die generell nicht gut auf Selfpublisher zu sprechen sind. Auch hier schere ich nicht alle Verlagsautoren über einen Kamm. Ich kenne genügend Verlagsautoren, die mich als Selfpublisher schätzen, aber auch das sind Ausnahmen. Weil es Selfpublisher gibt, die leider nicht lektorierten Mist auf den Markt bringen und so alle Autoren schädigen, sind sie allesamt für Verlagsautoren ein rotes Tuch.
Es gibt jedoch auch Verlagsautoren, die fehlerhafte Bücher auf dem Markt haben, nur traut man sich da weniger zu kritisieren, weil man ja vom Verlag dann mit rechtlichen Schritten zur Rechenschaft gezogen werden könnte. Ein armer Selfpublisher hingegen schluckt und schweigt meistens.
Abschließend zum Thema Freundschaft möchte ich noch sagen, dass ich einige Freunde gefunden habe, auf die ich mich verlassen kann. Aber ich habe nur eine enge Autoren-Freundin, deren Hilfe für mich vom ersten Tag an unbezahlbar war und immer noch ist. Sie weiß mich

zu nehmen, wie ich bin, darf mir auch mal sagen, dass ich endlich Ruhe geben soll, mich nicht einmischen soll, wo ich nicht gefragt bin. Diesen Fehler hatte ich, als ich neu war unter den Autoren, sehr oft gemacht. Ich sah hinter jedem Kommentar, einen persönlichen Angriff, obwohl ich gar nicht damit gemeint war. Außerdem kann ich oft meinen Mund nicht halten, wo es besser wäre, zu schweigen. Das hat schon zu Missverständnissen geführt, die vermeidbar gewesen wären.

Ich erinnere mich noch genau, als es um Paris ging und die Terror-Anschläge. Stur, wie ich nun einmal bin, musste ich unbedingt unser Kinderbuch »Sebastian und seine kunterbunte Welt« mit einem Eiffelturm im Hintergrund präsentieren. Selbstverständlich wurde mir von Kollegen und Lesern vorgeworfen, dass ich respektlos gehandelt hatte gegenüber den Opfern. Das wollte ich aber zu diesem Zeitpunkt partout nicht einsehen. Heute weiß ich, dass man es durchaus so sehen kann und die Pietät vor der eigenen Buchwerbung Vorrang hat.

Damals hat mich das den Erfolg meiner Kinder gekostet, die sich so viel Mühe mit ihrem selbst illustrierten Buch gegeben haben. Das Kinderbuch wurde nach diesem Vorfall weniger gekauft, weil ich mich mit jedem angelegt hatte, der etwas Negatives zu meiner Werbung äußerte. Das verzeihen mir die Kinder heute noch nicht ganz und sagen, sie würden nie mehr ein Buch schreiben. Vielleicht kann ich sie umstimmen, wenn sie älter sind, und den Buchmarkt besser verstehen können.

Meine Autoren-Freundin hatte mich gewarnt, mir gesagt, dass es besser wäre, dieses Bild zu löschen, aber ich wollte nicht hören. Sie drängt sich nie auf, gibt nur Ratschläge und hat mich dann machen lassen. Tja und was ich gemacht habe, war eben falsch! Aber ich habe daraus gelernt und auch dafür bin ich ihr dankbar. Ich wünsche jedem von euch Autoren, dass ihr wahre Freunde unter uns Autoren und Lesern findet. Doch seit vorsichtig, wahre Freunde sind ein unbezahlbarer Schatz, der eben nicht auf der Straße liegt. Es sind besondere Menschen, die immer seltener werden und ich hatte das große Glück, so einen besonderen Menschen gleich am ersten Tag meiner Karriere gefunden zu haben und unsere Freundschaft wuchs von Tag zu Tag. Danke, dass es dich gibt, falls du diese Zeilen jemals lesen solltest.

Ängste, die uns quälen

Jeder Autor hat Ängste, ganz egal, wie viele Bücher er schon geschrieben hat. Neue Autoren, die ihr erstes Buch schreiben, haben nur andere Ängste als alte Hasen und alte Füchsinnen. Ich gehe da mal von mir aus.
Vor meinem ersten Buch hatte ich überhaupt keine Ängste, obwohl das Thema heiß war; es ging um mein Leben, das kein Zuckerschlecken war. Das lag beim ersten Buch daran, dass ich gar nicht wusste, wie hart der Buchmarkt sein kann. Ich freute mich von Tag zu Tag mehr auf die Veröffentlichung. Aber so ist es nicht für jeden, der schreibt.
Ich weiß, was man sich so alles fragt, bis das Buch auf dem Markt ist. »Was ist, wenn es niemanden gefällt?«, »Was tun, wenn ich mich gar blamiere?«, »Wie werden die anderen Autoren darauf reagieren?«, »Was werden die Leser sagen?«
Alles berechtigte Fragen, doch meiner Meinung nach sollte man sich nicht Gedanken über ungelegte Eier machen, die einem nur die Freude am Schreiben nehmen. Der Buchmarkt ist hart, aber Erfolg misst sich nicht nur in Verkaufszahlen und Tantiemen. Für mich bedeutet Erfolg auch, Freude am Schreiben gehabt zu haben und selbst von mir überzeugt zu sein. Das letzte Wort über ein Buch hat immer der Leser, und wenn man sich von Ängsten leiten lässt, hat man schon verloren.
Das ist natürlich leichter gesagt als getan. Ängste wird es immer geben und nicht immer kann man sie so einfach wegstecken. Es gibt Tage, da würde man sein angefangenes Manuskript am liebsten verbrennen, weil man alles plötzlich banal oder nicht gut genug für die

Leser findet. Aber genau diese Ängste spornen uns auch an, um uns immer zu verbessern.
Für alte Hasen und Füchsinnen gilt das ebenso. Ich gehöre da noch nicht dazu mit meinen wenigen Büchern, die ich bis heute veröffentlicht habe, aber ich habe inzwischen auch Ängste.
Im Moment denke ich zum Beispiel: Was ist, wenn ich zu vielen auf den Schlips getreten bin mit meinen Äußerungen in diesem Buch hier?
Aber auch dafür gilt, dass ihr Leser mir die Antwort geben werdet, ob meine kurze Angst berechtigt war oder nicht. Ich mache mir auch Gedanken darüber, ob ich überhaupt dazu berechtigt bin, das, was ich bis jetzt auf dem Buchmarkt gelernt habe, an junge Autoren weiterzugeben. Jeder macht ja schließlich seine eigenen Erfahrungen. Man könnte es auch so auslegen, dass es quasi ein Verrat an Kollegen ist, was ich hier schreibe. So sehe ich das aber nicht. Ich will nur helfen und den Lesern die Augen öffnen, die denken könnten, dass es ein Klacks ist, eine erfolgreiche Autorin zu werden. Meine Ängste halten sich in Grenzen, wie ihr lesen könnt und vor allem nehmen sie mir nicht die Freude daran, dieses Buch weiterzuschreiben. Aber schlaflose Nächte werde ich bis zum Tag der Veröffentlichung sicher noch genügend haben, weil auch ich so gut schreiben möchte, dass Leser gerne lesen, was ich mitteilen möchte, und den richtigen Eindruck erhalten, wie hart ein Autorenleben und der Buchmarkt wirklich ist.
Als Autor hat man öfter auch Angst vor der öffentlichen Meinung. Manche halten absichtlich ihr Privatleben streng getrennt von ihrem Autorenleben, um keine Angriffsflächen zu liefern. Jeder lebt ja anders, hat eine

eigene Meinung, die nicht immer mit der Meinung der Öffentlichkeit konform ist.
Eine Regel, die man mich gelehrt hat, ist: Halte dich fern von Diskussionen im Bereich Religion, Politik und sonstigen heißen Themen, die weltbewegend sind. Lass dich nie auf öffentliche Diskussionen zu diesen Themen hinreißen!
Das gelingt mir heute noch nicht immer, weil ich mit meiner eigenen Meinung nicht hinterm Berg halten kann, obwohl ich weiß, dass ich mir einigen Ärger ersparen könnte, schwiege ich.
Viele erfolgreiche Autoren halten sich aus allem raus und fahren gut damit. Ich kenne die politischen Einstellungen der Bestseller-Autoren zum Beispiel nicht. Und ich weiß auch nicht, welcher Religion sie angehören, weil sie es nie öffentlich preisgegeben haben. Heute wird jeder, der eine andere Meinung zum Weltgeschehen hat als die Mehrheit, in aller Öffentlichkeit als rechtsradikal abgestempelt, um nur mal ein Beispiel zu nennen, warum man sich nie politisch äußern sollte. Ich bin weder rechtsradikal orientiert, noch bin ich ein Nazi-Anhänger, aber es wurde mir schon mehrfach vorgeworfen.

Eine weitere Angst, die bei Autoren auftreten kann, ist die Angst vor einer Schreibblockade. Wie ich zu Beginn erwähnt hatte, hatte ich Angst davor, kein Thema zu finden, worüber ich schreiben könnte. Dann plötzlich war sie da, die Idee, von einer Minute zur anderen. Das ging bei mir noch relativ schnell, aber es kann manchmal auch sehr lange dauern.
Man schreibt zum Beispiel an einem Roman und plötzlich fällt einem nichts mehr ein. Es geht einfach nicht weiter. Das haben viele Autoren schon erlebt und

sind fast verrückt geworden dabei. Da kann ich nur raten, ruhig Blut zu behalten, sich abzulenken mit langen Spaziergängen oder Sport oder mit sonst irgendetwas, das man gerne macht. Irgendwann ist sie dann plötzlich wieder da, die Muse, die Idee, wie der Roman oder der Krimi weitergehen soll. Das kommt von allein, man darf sich nur nicht zwingen, irgendetwas lustlos zu Papier zu bringen.

Noch ein Grund zur Angst für manche Autoren ist die Angst vor dem Publikum. Die Angst, etwas Falsches zu sagen und dann öffentlich angegriffen zu werden. Darunter fällt auch die Angst vor Autoren-Lesungen, also öffentlich aus seinem Buch vorzulesen. Jeder Autor hat das schon erlebt, der öffentliche Lesungen hält. Eine Hilfe, diese Angst abzubauen, sind die sogenannten »Wohnzimmer-Lesungen«. Ladet euch einfach zwanglos Freunde zu euch nach Hause ein und lest dann aus eurem Buch vor. Freunde sind meistens ehrlich und werden euch dann auch Verbesserungsvorschläge machen, die Helfen, eure Ängste abzubauen. Wovor habe ich jetzt in diesem Moment Angst? Das erfahrt ihr im nächsten Kapitel.

Brot-Job, Haushalt und Bücher schreiben

Geht das überhaupt? Das werden sich viele fragen, die noch nie ein Buch geschrieben haben. Die Wenigsten von uns können vom Schreiben leben, also ist ein Brot-Job unvermeidbar, wenn man keinen gut verdienenden Ehemann hat. Manche von uns sind Single oder alleinerziehende Mütter und schaffen es trotz Brot-Job auch Bücher zu schreiben. Das Wichtigste ist die Liebe zum Schreiben, ohne die geht gar nichts. Danach kommt Selbstdisziplin. Jede freie Minute dafür ausnützen. Zum Beispiel im Bus, während man im Wartezimmer sitzt, während man die Kinder bei ihren Schulaufgaben beaufsichtigt oder sonst irgendwo in einer Warteschleife sitzt. Natürlich muss man Abstriche machen, auch oft auf andere Freizeitbeschäftigungen verzichten, wie joggen oder ins Kino gehen. Alles kann man nicht gleichzeitig schaffen. Man muss sich einfach Prioritäten setzen. Das heißt aber nicht, dass man sich von allem ausschließen muss. Natürlich darf man sich auch mal vergnügen, mit Freunden treffen oder sich ein schreibfreies Wochenende gönnen. Nur der Wunsch zum Schreiben muss immer im Vordergrund stehen und vor allen anderen Freizeitbeschäftigungen kommen.
So und da wäre ich nun bei meiner Angst. Kann ich alles unter einen Hut bringen und trotzdem eine gute Mutter, Hausfrau und Ehefrau sein? Meine Kinder sind schon größer, zwischen 14 und 25 Jahren und trotzdem muss ich mir manchmal vorwerfen lassen: »Dir sind deine Bücher wichtiger als wir!«

Ist das wirklich so? Warum schreibe ich? Habe ich ein Recht darauf, meiner Liebe zum Schreiben nachzugehen? Darf ich vom Bestseller träumen, ohne eine Rabenmutter zu sein?
Für mich habe ich die Antworten zu diesen Fragen gefunden. Aber jeder Leser darf das gerne für sich selbst beantworten und mir dann auch mitteilen, wie er es sieht.
Es ist eine Leidenschaft, die sicher Opfer fordert. Die ganze Familie sollte hinter einem stehen, aber leider ist das nicht immer so. Mein Mann hat zum Beispiel immer noch nicht akzeptiert, dass ich 2 Stunden am Tag konsequent für mich beanspruche. Immer wieder hält er mir meine Pflichten vor, aber ich gebe nicht auf, sondern setze mich an den PC und schreibe weiter. Wenn dann endlich ein neues Buch fertig ist, freut er sich mit mir. Bei den Kindern ist es ebenso, wenn ich sie mal wieder nicht ans Meer begleite, sondern lieber an meinem Buch schreibe, nörgeln sie. Aber auch sie freuen sich mit mir dann über meine kleinen Erfolge, wenn Bücher von mir gelesen werden oder wenn ich gerade mal wieder an die Decke springe vor Freude, einer positiven Beurteilung wegen über eines meiner Bücher. Ab und zu belohne ich sie auch alle für ihre Entbehrungen, denn Mama verdient ja ab und zu auch Geld mit ihren Büchern. Das sind dann die Momente wo meine »Große« sagt: »Mama, wann schreibst du endlich mal einen Bestseller, der wirklich viel Geld einbringt?« Ich muss schmunzeln darüber, sie können den Buchmarkt nicht verstehen und denken, dass es irgendwie nur von mir allein abhängt, ob mein Buch ein Bestseller wird oder nicht. Leider ist das nicht so.
Es sind sehr viele Elemente, die alle zusammenpassen müssen, bis ein Buch ein Bestseller wird. Talent zum Schreiben, ja – ohne geht es wohl nicht – aber es reicht

nicht aus, um in die Bestseller-Listen zu kommen. Viele Aspekte müssen beachtet und erfüllt werden, um überhaupt erst einmal die Voraussetzungen für einen Bestseller zu erfüllen. Hauptsächlich aber kommt es auf die Thematik an. Von Beginn an muss das Buch den Leser fesseln, und damit er es überhaupt sieht in dem ganzen Bücher-Dschungel, muss es ansprechend aussehen. Ich wünsche mir natürlich, mit einem meiner Bücher unter den 100 Bestsellerbücher zu sein, wobei ich mit diesem Wunsch sicherlich nicht alleine bin. Das ist der Traum eines jeden Autors. Dies aber auf ehrliche Weise. Schummeln und die Leser irrezuführen zahlt sich auf Dauer nicht aus. Könntet ihr euch vorstellen, euch wirklich zu freuen, wenn ihr auf Platz 10 oder auf Platz 50 in der Bestseller-Liste steht und einen Haufen Geld damit verdient und in eurem Herzen wisst, dass der Rang nur durch Schummeln erreicht worden ist? Es gibt talentierte Autoren, die sich ihren Bestseller-Rang ehrlich verdient und erarbeitet haben. Genau dieses Ziel erträume ich mir auch. Träume sind Schäume und dürfen geträumt werden. Aber der Verdienst an einem Buch sollte niemals im Vordergrund stehen. Ich persönlich gehöre nicht zu den Kollegen, die behaupten, nur aus Liebe zum Schreiben Bücher zu schreiben, sondern gebe offen zu, dass ich damit auch 6 Personen zu ernähren versuche, was mir bis heute noch nicht immer gelungen ist. Deshalb habe auch ich einen Brot-Job, den ich zuhause ausübe und gut mit dem Schreiben verbinden kann. Manchmal bedauere ich Kollegen, die zuerst noch kilometerweit fahren müssen, um außer Haus zu arbeiten, und womöglich noch Kinder haben, die beaufsichtigt werden müssen. Es können Kosten anfallen, die manchmal sehr hoch sind und dann vom Arbeitslohn bestritten werden müssen, sodass nicht mehr viel übrig bleibt vom verdienten Geld.

Peter-Sebastian L. überlegte seit geraumer Zeit, ob er seinen Brot-Job an den Nagel hängen sollte. Sein Chef, im Einkaufszentrum, wo er als Einzelhandelskaufmann tätig war, ging ihm mächtig auf die Nerven. Außerdem war es für ihn viel wichtiger, gute Bücher zu schreiben, als Brötchen für die Familie zu verdienen. Er hatte schon oft mit seiner Frau und den 2 minderjährigen Töchtern darüber gesprochen, aber seine Frau war konsequent dagegen und die Töchter schlossen sich der Meinung ihrer Mutter an.

Als er eines Abends genervt von der Arbeit nach Hause kam, verkündete er ernsthaft: »Meine Entscheidung steht fest. Ich werde heute noch fristgerecht kündigen, um dann in 3 Monaten nur noch Autor zu sein!«

Seine Frau war entsetzt und antwortete: »Werden wir überhaupt nicht mehr gefragt, was wir von deiner Entscheidung halten?«

»Nein, ich bin der Verdiener, und wie ich unser Geld verdiene, ist meine Sache!«

Allgemeines Schweigen folgte und auch stille Messe während des Abendessens.

Peter-Sebastian L. setzte sich an seinen Computer und kontrollierte seine Einnahmen aus den Buchverkäufen.

9 Taschenbücher und 25 E-Books hatte er in einem Monat verkauft und durchschnittlich somit 70 Euro monatlich in den letzten 6 Monaten verdient. Das war nicht gerade viel, wie er feststellen musste. Aber er führte das einzig und allein auf den Umstand zurück, dass er bisher nur 2 Bücher als E-Book und Taschenbuch angeboten hatte. Außerdem hatte er keine Zeit für

effektives Marketing. Lesungen hatte er auch noch nie gemacht und er könnte locker 3 Bücher im Jahr schreiben, wenn er keinen Brot-Job mehr hätte. All diese Argumente trug er seiner Frau vor, als sie versuchte, noch einmal vernünftig mit ihm zu reden. Simone verstand ihren Mann, aber sie antwortete ihm: »Du, ich kann auch nicht nur das machen, was mir Spaß macht. Ich habe auch meine Pflichten gegenüber der Familie!« Peter-Sebastian L. wollte nicht aufgeben und sah seinen Traum vom Bestseller schon in die Brüche gehen.

»Ich bitte dich, Simone, steh mir bei und geh mit mir dieses Risiko ein«, sagte er leise.

Der Familienrat wurde einberufen und mit den 2 Mädels, 14 und 16 Jahre alt, nach einer Lösung gesucht.

»Ich könnte wieder arbeiten, als Rechtsanwaltsgehilfin finde ich leicht etwas. Auch mein alter Chef, wäre nicht abgeneigt, falls er gerade Bedarf hat«, erklärte Simone ihren Mädchen, die sie fragend anschauten.

»Wenn alle mithelfen, könnte ich in 2 Jahren so weit sein, dass ich euch durch meine Bücher alle ernähren könnte«, fantasierte der Autor.

Da sie ihren Vater sehr gern hatten, und Simone ihren Mann über alles liebte, gaben sie nach und stimmten der Kündigung zu, die er umgehend über E-Mail sendete. Er nahm sich vor, diese am nächsten Tag noch als Einschreibe-Brief abzuschicken.

Lange Rede, kurzer Sinn: Simone arbeitete wieder Vollzeit bei ihrem Anwalt, der sie mit Handkuss auch nach vielen Jahren wieder in sein Team aufnahm, die Mädels kümmerten sich, so gut sie konnten, um den Haushalt und der Autor schrieb den ganzen Tag an seinem nächsten Buch. Auch das Marketing für seine schon vorhandenen Bücher betrieb er nun effektiver. In wenigen Monaten hatte er 3 Lesungen organisiert und dabei mäßige Buchverkäufe erzielt. Sein nächstes Buch war fertig und für das Cover und das Lektorat hob er das letzte Geld vom Sparkonto ab, ohne seine Frau darüber zu informieren.

»Kann ich lässig wieder einzahlen, wenn das Buch erst mal läuft!«, entschuldigte er sich bei sich selbst.

Aber leider kam es anders. Sein 3. Buch lief überhaupt nicht, weil er es unter Zeitdruck geschrieben und nicht sorgfältig genug ausgearbeitet hatte. So etwas fällt Lesern und Kollegen auf. Die ersten 1-Stern-Rezensionen trudelten ein und das Selbstvertrauen des Autors sank auf den Nullpunkt. »Habe ich mich übernommen?«, fragte er sich nun. Simone merkte, dass ihr Mann plötzlich nicht mehr so überzeugt war von seinem Können als Autor, aber sie äußerte sich nicht zum Thema.

Erst als sie merkte, dass 2.000 Euro auf dem Sparkonto fehlten, stellte sie ihn zur Rede.

»Du kannst nicht unsere Familie in den Ruin stürzen, nur um deinen Traum zu verwirklichen«, schimpfte sie.

Kleinlaut entschuldigte er sich und bot an, sich wieder eine Arbeit zu suchen.

»Ich gebe dir ein Jahr Zeit, weil ich meinen Chef nun auch nicht enttäuschen will. Wenn du es bis dahin geschafft hast, uns nur einigermaßen recht und schlecht ernähren zu können, machst du weiter. Wenn nicht, suchst du dir wieder einen Brot-Job«, bot sie an.

Peter-Sebastian L. versprach sein Bestes zu geben. Simone liebte ihren Träumer, aber sie wusste auch, dass sie ihn immer wieder auf den Boden der Tatsachen zurückholen musste. Um es kurz zu machen, innerhalb der vereinbarten Frist, schaffte es Peter Sebastian L. wirklich, ein gutes Buch auf den Markt zu bringen und einen namhaften Verlag dafür zu interessieren. Aber das nur durch diszipliniertes Schreiben, regelmäßiges Marketing für die bereits vorhandenen Bücher und dem Beistand seiner Familie. Er kann seine Familie heute noch nicht ernähren, aber einen Teil dazu beitragen, sodass seine Frau nur noch halbtags arbeiten muss.

Kann man das Schreiben lernen?

Ich denke, dass man jedes Handwerk erlernen kann. Aber die Liebe zum Schreiben muss man im Blut haben. Es ist eine besondere Kunst, die kein Lehrbuch vermittelt. Man kann Regeln lernen, Kurse belegen, Ratgeber kaufen, aber das nützt alles nichts, wenn die Liebe und das Talent dazu fehlen.

Damit wären wir schon beim Thema Ratgeber-Bücher für Autoren. Ich habe einige gelesen, mit dem Ergebnis, dass da entweder nur das drin stand, was ich schon wusste oder aber alles nur andeutungsweise erklärt wurde. Na ja, ein Autor, der einen Schreib-Ratgeber verkauft und dann nur auf Platz 450 in seiner Nische im Ranking steht, da müsste jedem Leser (Autor) schon auffallen, was der Ratgeber taugt. Wenn dann der Titel des Ratgebers auch noch »Wie schreibe ich einen Bestseller« (fiktiver Titel) ist, dann müssten bei jedem normalen Menschen alle Alarmglocken läuten. Klingelt es? Oder muss ich noch deutlicher werden? Wer keinen Bestseller hat, kann auch keinen Ratgeber darüber schreiben. So sehe ich das. Natürlich gibt es auch seriöse und sehr gute Ratgeber zum Thema ›Schreiben lernen‹, aber die werden nicht für 2,99 als E-Book bei Amazon oder in sonstigen Buchshops angeboten. Das sind dann meist dicke Wälzer, die unter 15 Euro als Taschenbuch nicht zu erwerben sind.

Es gibt auch die sogenannten Schreibkurse oder Workshops, um das Handwerk zu lernen. Auch da ist Vorsicht geboten, weil es wie überall seriöse und unseriöse Anbieter gibt. Schaut euch genau an, wer euch das Schreiben lehren will. Welche Bücher hat derjenige

schon geschrieben und wie stehen diese im Ranking? Solche Überlegungen helfen euch, viel Geld zu sparen. Guter Rat ist meistens teuer, aber ob er dann auch wirklich gut ist, das erfahrt ihr erst, wenn ihr die Ratschläge angewendet habt.
Wie kann man seriös das Schreiben erlernen? GAR NICHT! Man kann sich nur wichtige Regeln aneignen, man muss, wie ich schon erwähnte, Talent und Liebe zum Schreiben im Blut haben. Man kann sich aber auch von Buch zu Buch steigern, neue Erfahrungen sammeln, besser recherchieren, Logikfehler vermeiden und so weiter.
Dazu fällt mir eine Geschichte ein, die ich erleben durfte.

Eine Autorin stellte wieder mal ihr neuestes Buch vor und war natürlich begeistert und überzeugt von ihrem Werk. Eine Biografie sollte es sein und wahrheitsgemäß berichten, was sie in Terranova (Kalabrien) einem kleinen Bergdorf alles erlebt hatte. Schon bei den ersten Zeilen, die ich beim Blick ins Buch las, musste ich schmunzeln, weil es einfach nicht stimmen konnte, wie sie das Dorf beschrieb. Ich war schon öfters in diesem Dorf und weiß, wie es dort ausschaut. Nun gut, schriftstellerische Freiheit wollte ich ihr zugestehen. Ich habe mir das Buch geholt und gelesen. Eine haarsträubende Geschichte über italienische Traditionen und Verwicklungen mit der Mafia, wie sie es nannte. Sie sprach weder von der kalabrischen 'Ndrangheta, noch von der sizilianischen Cosa Nostra, sondern verwendete den Oberbegriff Mafia mehrfach in ihrer Erzählung. Um es kurz zu machen, ich glaubte kein Wort von dem, was sie als erlebte (nicht romanhafte) Biografie ausgab.

Und tatsächlich wurde sie quasi öffentlich der Lüge überführt.
Es gibt noch jemanden, der den Ort Terranova wie seine Westentasche kennt, weil seine Vorfahren dort lebten. Dieser erfahrene Autor fühlte ihr dann genauer auf den Zahn und ließ sich den Ort von ihr beschreiben. Alles falsche Angaben, die sie ihm machte. Nachdem der Autor dann preisgab, zweimal im Jahr in Terranova auf Urlaub zu sein, war die Autorin sprachlos und verstrickte sich immer mehr in Falschaussagen. Es half auch nichts, als sie sich zwei Tage später wieder zu Wort meldete, um zu erklären, sie hätte Terranova auf Sizilien gemeint und nicht in Kalabrien. Aber auch zu diesem Dorf passten ihre Beschreibungen nicht. Außerdem stand schwarz auf weiß im Buch, dass sie in Kalabrien gewesen wäre.
Niemand nahm ihr mehr ab, was sie angeblich erlebt haben wollte. Selbst wenn sie gesagt hätte, dass es noch ein drittes Terranova in Sibari (Kalabrien) gibt, hätte ihr niemand geglaubt, dass sie dort gewesen wäre.

Liebe Kollegen, wenn ihr etwas als Wahrheit verkaufen wollt, was ihr so nicht erlebt habt, müsst ihr schon sorgfältig recherchieren, es gibt immer jemand, der schon einmal dort war, wo ihr nicht gewesen seid. Oder besser noch, ihr sagt gleich, dass es sich um einen Roman handelt, dann steht euch schriftstellerische Freiheit zur Verfügung und niemand wird auch nur im Geringsten an euren Worten zweifeln. Wenn doch, kann euch niemand der Lüge beschuldigen.
Recherche ist der harte Teil Arbeit, der in jedem Buch steckt und weniger Spaß macht, als Protagonisten zu erfinden und Geschichten aufzubauen. Aber sie gehört zu

jedem Buch und je besser die Recherche, desto glaubhafter das Buch.

Erotik und explizierter Porno läuft immer noch besser als andere Genres

Warum ist das so und was soll uns das beweisen? Der Mensch liest gerne darüber, was er sich wünscht und nicht hat. Leser mögen SEX und können sich in gute Erotik hineinversetzen. Da ist nichts dagegen einzuwenden, aber leider können es nicht alle Autoren schreiben. Wenn es in solchen Büchern nur um Schwanz rein und Schwanz raus geht und das auf 100 Seiten für 0,99, finde ich das schlichtweg unangemessen, und entdecke darin keine große schriftstellerische Leistung. Das ist meine persönliche Meinung, die ihr nicht teilen müsst. Gute Erotik heißt für mich, eine spannende Handlung, gut recherchiert, wie in jedem anderen Genre auch, Lektorat, Korrektorat, Cover, alles muss stimmen und dann geht auch ein Preis von 2,99 Euro und mehr für ein E-Book bei 150 Seiten. So sehe ich das.

Aber ich würde es nie schreiben, nennt mich prüde, verklemmt oder sonst etwas. Ich kann es nicht, obwohl ich aus meiner Vergangenheit genug Stoff dazu hätte.

Vielleicht schreckt mich die Erinnerung an diese Zeit davon ab. Ich schau mir auch nie Porno-Filme an, gute Erotik lese ich, wenn es sich zufällig in einem Buch so ergibt, aber auch selten.

Wie gesagt, es gefällt vielen Lesern und ich bewundere sogar diejenigen, die in ein gutes Erotik-Buch versinken können und Spaß daran haben. Genauso bewundere ich Erotik-Autoren, denn sie haben kein leichtes Leben. Oft müssen sie unter Pseudonym schreiben, weil sie Familie, Kinder und einen Arbeitgeber haben. Es ist verständlich, dass sie nicht in der Öffentlichkeit erkannt werden wollen. Es gibt viele lobenswerte Beispiele aus diesem Genre, aber leider auch Schwachsinn.

Hierzu wieder reale Beispiele, um das Thema zu verdeutlichen. Aber seht mir dabei bitte nach, dass ich keine Erotik (be)schreiben kann.

Die junge Autorin Angelika hörte sich gerade zum 100sten Mal ›Je t´aime‹ an, hoffte, dass ihr dabei nun endlich mehr für ihren Erotik-Roman einfallen würde, und begann sich zu wundern, warum dem nicht so war. Sie hatte zahlreiche Porno-Filme gesehen und sie alle in der Praxis ausprobiert. So lange, bis es ihrem Mann zu viel wurde. Angelika spielte sogar mit der Idee, es einmal mit anderen Partnern zu versuchen, schließlich muss man für ein erfolgreiches Buch auch Opfer bringen. Das könnte sie ihrem treuen Ehemann bestimmt irgendwie so unterjubeln, dachte sie sich. Gedacht – getan, rief sie Jean-Claude an, einen alten Jugendfreund, der als Franzose einiges zu bieten hatte, was das Thema SEX anbelangte. Sie hatte vor ihrer Ehe schon öfters in seinem Bett gelegen. Er war natürlich sehr erstaunt über diesen Anruf, in dem sie ihn aufforderte, sofort zu ihr nach Hause zu kommen. Da er irgendwie immer noch auf sie stand, stimmte er zu. Sein Staunen wurde noch größer als sie ihm folgendes erklärte:»Jean-Claude, hör mal, ich schreibe einen Erotik-Roman und brauche Praxis-Übung. Können wir mal zusammen eine Figur aus dem Kamasutra probieren?«

Er wusste natürlich, was sie meinte. Es war eine seiner Lieblingsstellungen im Bett und er stimmte sofort bedenkenlos zu. Als beide im Bett lagen und voll und ganz in ihren Gefühlen aufgingen, Angelika mächtig

stöhnte, hörten sie Schritte und die Stimme von Peter, ihrem Ehemann. Er betrat das Schlafzimmer und sah rot, denn er hasste Jean-Claude wie die Pest. Zuerst zerrte er ihn aus dem Bett und verpasste ihm einige Kinnhaken, die der Arme wortlos und ohne sich zu wehren hinnahm.
»Peter, hör bitte auf, es ist alles anders, als du denkst«, stammelte seine Frau. »Ich brauche doch nur Praxis-Übung für meinen neuen Erotik-Roman und du hast ja keine Lust mehr dazu.«
Peter ließ ab von dem leicht lädierten Jean-Claude und fuhr seine Frau schroff an: »Bist du denn von allen guten Geistern verlassen? Wie konntest du nur auf diese absurde Idee kommen? Gib zu, dass du auch deinen Spaß daran hattest!«
»Gar nicht wahr, gar nicht wahr – reine Recherchen-Arbeit!«, rechtfertigte sie sich.
Peter musste nun herzhaft lachen, denn er wusste nur zu gut, welche absurden Ideen Autorinnen manchmal in die Tat umsetzen. Er reichte Jean-Claude die Hand, der sich nur kommentarlos fluchtartig anzog und gehen wollte.
Einen letzten Kommentar konnte sich Peter jedoch nicht verkneifen. »Ich komm dann mal gelegentlich bei deiner Frau vorbei und mache Praxisübungen mit ihr, damit ich meine künftig besser zufriedenstellen kann«, sagte er todernst.
Jean-Claude und Angelika schauten sich empört an, aber getrauten sich nicht auch nur mit einer Silbe zu widersprechen.

Was aus dem Erotik-Roman von Angelika geworden ist, kann ich leider nicht berichten. Ich lese ja keine Erotik und verfolge auch ihre Ankündigungen nicht so, wie die

Berichte von anderen Autoren in den sozialen Netzwerken.
Aber ich kann euch noch die Geschichte von der Märchen-Tante erzählen, die unter anderem Pseudonym auch explizite Porno-Erotik schrieb. Dabei passte sie höllisch auf, dass sie als Kinderbuch-Autorin und Mutter von drei Mädchen niemals mit Porno in Verbindung gebracht wurde. Manchmal ekelte sie sich sogar vor sich und ihren 99 Cent E-Books, aber sie brachten ihr gutes Geld.
Als alleinerziehende Mutter musste sie letztendlich gut verdienen, um einen gewissen Lebensstandard halten zu können. Dazu reichten ihre 5 Kinderbücher allein nicht aus, aber durch die 10 E-Books verdiente sie noch besser als mit den Kinderbüchern. Die Jahre vergingen, die Anzahl ihrer Bücher und E-Books stiegen und ihre Mädchen wurden erwachsen, ohne jemals erfahren zu haben, dass Mama außer Kinderbücher auch Porno-Erotik schrieb.
Obwohl sie alle brisanten Unterlagen, die ihre Pseudonyme und Pornobücher betrafen, ihrer Meinung nach auf dem PC gut gesichert und verschlüsselt hatte, ging sie auf Nummer sicher und verbot den Mädchen unter Androhung von Strafe, ihren Computer zu benutzen.
Eines der Mädchen verstand dies überhaupt nicht und sah nicht ein, warum sie »Mamas Heiligtum« nicht anrühren durfte.
Immer wenn die Mutter nicht zu Hause war, nutzte sie die Gelegenheit und arbeitete an besagtem PC. Anschließend löschte sie akribisch alle Daten, die auf ihren Zugriff hinweisen konnten. Je länger sie unbemerkt an diesem Computer saß, desto neugieriger wurde sie,

was es mit den Dateien auf sich hatte, zu denen sie keinen Zugang bekam. Es wurde für sie zur fixen Idee, diese Dateien zu knacken.
Ihre Ausdauer wurde belohnt und eines Tages schaffte sie es. Zunächst erschrak sie, als sie bemerkte, wer ihre Mutter wirklich war, aber mit ihren 18 Jahren fand sie es dann ganz cool. Ihr Wissen wollte sie als Geheimnis bewahren und auf keinen Fall preisgeben, dass sie die Pseudonyme und die dahintersteckenden pornografischen Schriften entdeckt hatte.

Nach einer Weile kam sie unverhofft hinzu, als ihre Mutter wieder einmal ganz vertieft am PC hockte und ihre Pseudonymseiten aufgerufen hatte. Erschrocken schloss sie sofort die entsprechenden Dateien und fuhr ihre Tochter schroff an, nicht einfach das Zimmer zu betreten, wenn sie arbeiten würde. Dies würde ihre Konzentration stören.
Die Tochter verstand und war schon dabei, das Zimmer wieder zu verlassen, als sie sich noch einmal umdrehte und sagte: »Mama, wenn du etwas über Sex wissen möchtest, dann frag einfach mich.«

Selbst erstellte Cover oder Cover-Designer?

Beide Möglichkeiten sind zulässig und beides ist durchaus vertretbar, wenn man gewisse Grundkenntnisse hat. Aber denkt daran, den ersten Eindruck, den der Leser von eurem Buch erhält, gewinnt er in zwei oder drei Sekunden durch einen Blick auf das Cover. Es muss aussagekräftig sein, professionell aussehen, darf dann den Leser nicht enttäuschen, weil im Buch etwas ganz anderes steht, als das Cover aussagt. Die Schrift des Titels muss gut gewählt sein, dass sie von Weitem ins Auge sticht. Farben müssen harmonieren und Schriftgröße muss im Verhältnis zum Bild passen.
Wenn zum Beispiel ein Autor seinen Namen größer darstellt als den Titel, habe ich persönlich schon genug. Dann vermute ich, dass er sich in den Vordergrund drängen möchte und das wichtigste am ganzen Buch für ihn wohl er selbst ist.
Letztendlich ist ein Buch-Cover aber immer auch Geschmackssache. Dem einen gefällt es, dem anderen eben nicht.

Liebe Kolleginnen und Kollegen, lasst euch beim ersten Buch nicht entmutigen durch hohe Vorkosten, die das Cover mit sich bringt. Es lohnt sich wirklich, in euren Traum vom Bestseller zu investieren. Nur wenn es gar nicht anders geht, dann versucht selbst ein Cover zu entwerfen, und lasst euch von meinen Ratschlägen leiten.
Leider gibt es noch andere Vorkosten, die ihr bewältigen müsst und die absolut unerlässlich sind.

Kein Pardon für gravierende Rechtschreibfehler!

Ich könnte zahlreiche Geschichten erzählen über Rechtschreibfehler in Büchern. Wirklich gut erfundene Romane, die nie Bestseller wurden, weil auf ein Korrektorat verzichtet wurde. Macht bitte diesen Fehler nicht. Keiner von uns ist so sattelfest, dass er keine Rechtschreibfehler macht. Den Preis für ein gutes Korrektorat müsst ihr bezahlen, wenn ihr auf dem Buchmarkt nur eine geringe Chance haben wollt. Hier wird die Rechtschreibung und Interpunktion geprüft. Danach kommt dann noch das Lektorat. Dabei geht es um Logikfehler, Ausdrucksweise und Stil eines Autors. Ich hatte vom ersten Buch an eine Lektorin, der ich sehr viel zu verdanken habe, und die ich auch hier namentlich nennen möchte.

Liebe Elsa Rieger
Ich kann dir nie genug danken für deine Arbeit an meinen Büchern. Nur durch deine Hilfe konnte ich mich von Buch zu Buch steigern und von dir lernen. Ich weiß noch genau, wie du mein erstes Buch lektoriert hast und was du mir alles rot angestrichen hast. Inzwischen sind deine Anmerkungen weniger geworden. Aber es gibt immer noch genügend Arbeit für dich an meinen Texten.

Passt aber auf, es ist nicht selbstverständlich, so viel Glück zu haben, wie ich es mit meiner Lektorin hatte. Es gibt leider Fallen auf dem Markt. Vergleicht die Preise, hinterfragt genau, was zu welchem Preis angeboten wird, und lasst euch ein Probelektorat machen von 3 bis 4 Normseiten. Das gleiche gilt für ein Korrektorat. Ich habe da schon die übelsten Erfahrungen erzählt bekommen. Dabei ging es um Korrektoren, die das Buch voll mit Rechtschreibfehler wieder zurücksandten und dafür Unsummen verlangten.

Ein Fehler im ganzen Buch kann jeder einmal übersehen, aber nicht zwei Fehler auf jeder Buchseite.

Liebe Leser, wenn ihr ein Buch kauft, dann schaut zuerst ins Impressum, dort findet ihr alle wichtigen Informationen über ein Buch. Name und Kontaktanschrift des Autors, Covergestalter und den Namen der Lektorin, sofern das Buch lektoriert wurde, und der Name des Korrektors, wenn ein Korrektorat gemacht worden ist.

Ich weiß, dass es viel Geld ist, das man zuvor zahlen muss, ohne sicher zu wissen, ob man es jemals mit seinen Büchern verdienen wird. Es gibt Tausende von Autoren, die dieses Geld nie wieder in Form von verkauften Büchern zurückerhalten haben. Auch ich weiß das nicht bei diesem Buch hier. Aber ich nehme dieses Risiko in Kauf, zugunsten meiner Leser, denn sie sollen ein Buch erhalten, das frei von vermeidbaren Fehlern ist.

Ich werde reich durch meine Bücher

Ich muss euch leider gleich zu Beginn dieser Geschichte enttäuschen. Nur sehr wenige Autoren sind bisher reich geworden durch Bücher schreiben. Wie schon erwähnt, hängen viele Faktoren davon ab, ob ein Buch erfolgreich verkauft werden wird oder nicht. Das letzte Wort hat immer der Leser, obwohl er leider nicht der Einzige ist, der über euren Erfolg oder Misserfolg entscheiden darf. Ihr selbst habt zwar Einfluss darauf, indem ihr ein fehlerfreies, interessantes Buch schreibt und es zum richtigen Preis anbietet, aber mehr könnt ihr nicht tun. Doch, ein bisschen mehr schon noch, darauf komme ich später zu sprechen. Was ist der richtige Preis für ein Buch?

Ihr bietet ein Taschenbuch über Createspace an? Dann wird euch ein Mindestpreis, der die Produktionskosten und den Verdienst des Verlages abdeckt, vorgeschrieben. Ihr solltet diesen Preis nicht um mehr als 2 Euro pro Buch überschreiten. Ja, richtig, 2 Euro pro Taschenbuch müssen euch als Verdienst für weiß nicht wie viel Arbeitsstunden und Vorkosten ausreichen. Ein zu hoher Preis, der nicht im Verhältnis zu dem Lesevergnügen, das euer Buch liefern soll, steht, schreckt den Leser ab und ist contraproduktiv. Für E-Books gilt grob gesagt, 1 Euro für 50 Seiten – 150 Buchseiten 2,99 – und so weiter. Aber bei 4,99 liegt die Schmerzgrenze. Nur sehr wenige Leser sind bereit, mehr als 4,99 Euro für ein E-Book zu bezahlen. Es muss dann schon inhaltlich etwas ganz Wichtiges sein, zum Beispiel Enzyklopädien oder Ähnliches. Ich würde für einen E-Book-Roman oder

einen E-Book-Krimi nie mehr als 4,99 Euro ausgeben, ganz egal, wie viele Seiten er hat.
Und wie reich kann man denn nach Abzug der schon erwähnten Vorkosten werden? Der Preis für ein gutes Cover liegt je nach Designer und Wunsch-Cover des Autors in einer Preisspanne von 200 bis 500 Euro laut meinen Erfahrungen, kann aber auch billiger oder teurer sein. Ihr müsst selbst auf die Qualität achten. Es gibt auch billige Premade-Cover, die ihr dann an jeder Straßenecke auf anderen Büchern wieder finden könnt. Der Preis für ein Korrektorat und ein Lektorat richtet sich nach der Anzahl der Normseiten und hat eine Preisspanne von 2 bis 4 Euro pro Seite für das Korrektorat und 3 bis 6 Euro für das Lektorat. Aber auch hier sind das nur meine Erfahrungen, was die Preise anbelangt. Sie können auch höher angesetzt werden. So viel zu den Vorkosten.
Nun zu den Einnahmen. Hier kann ich nur für die Plattform Amazon und den Tolino-Verbund sprechen, wo ich als Selfpublisher meine Bücher einstelle. An jedem E-Book verdiene ich einen Teil vom Verkaufspreis, der mir in einer Abrechnung monatlich auf meinem Bankkonto gutgeschrieben wird. Auf meinem Amazon-Konto wird mir täglich angezeigt, wie viele E-Books ich verkauft habe und der Betrag, der mir bis dato zusteht. Als Selfpublisher habe ich bei Amazon die Möglichkeit, meine Bücher Kindle-Lesern kostenlos über Kindle-Unlimited anzubieten und mir wird täglich angezeigt, wie viele Seiten meiner E-Books gelesen wurden. Ich persönlich mache das aber nicht, weil es mir dann verboten ist, mein E-Book in anderen Buchshops kostenpflichtig anzubieten. Ihr seht, es hat alles Vor- und Nachteile. Wenn ich kostenlos anbiete, erhalte ich ein

Honorar, das nach gelesenen Seiten berechnet wird. Damit wird viel Schmus getrieben. Kluge Füchse haben schnell erkannt, dass man mit vielen Seiten hier Kohle machen kann, und was auf diesen Seiten steht, ist ihnen nicht so wichtig. Je dicker ein Buch, desto mehr Kohle für den Autor, wenn es gelesen wird. Tricks gibt es da, die den Leser dazu verleiten, schnell viele Seiten mit dem Reader zu lesen. Ihr habt bestimmt erkannt, dass ich nicht zu diesen klugen Füchsen gehöre und auf ehrliche Art gerne zu meinem Bestseller kommen möchte. Ob mir das jemals gelingen wird, steht noch in den Sternen. Aber für mich ist das der einzig richtige Weg.

Es gibt auch Autoren, die nicht selbst veröffentlichen wollen und entweder geduldig warten, bis sie von einem Verleger entdeckt werden oder ihre fertigen Manuskripte selbst den verschiedenen Verlagen anbieten.

Ich bin kein geduldiger Mensch und habe mich deshalb für das Selfpublishing entschieden. Außerdem sehe ich für mich keinen Vorteil darin, ein Verlagsautor zu sein, außer dem, der allerdings toll ist, dass meine Bücher im örtlichen Buchhandel erhältlich wären. Doch sollte bedacht werden, es zählen nur wenige Monate nach einer Neuerscheinung, bis ein Buch nach Verlagsveröffentlichung nicht mehr interessant für die Käufer ist, denn neue Bücher rücken schnell nach.

Für viele Jung-Autoren scheint es ein Vorteil zu sein, dass ihnen für ihre Buch-Veröffentlichung bei einem seriösen Verlag keinerlei Vorkosten entstehen. Die Kosten für Cover, Korrektorat und Lektorat werden vom Verlag übernommen. Ihre Tantiemen für verkaufte Bücher liegen bei 8 % bis maximal 10% vom Verkaufspreis, aber das ist immer Verhandlungsbasis und kann auch niedriger sein. Na ja, wem das ausreichend

erscheint, kann das natürlich bevorzugen. Man muss abwägen, was einem wichtiger ist. Bei vielen Verlagen hat man als Autor aber dann keinerlei Mitspracherecht, was das Cover betrifft oder den Verkaufspreis. Das sieht man auch daran, dass E-Books und Taschenbücher von Verlagen bei Amazon teurer angeboten werden als die E-Books und Taschenbücher der Selfpublisher, obwohl sie qualitativ nicht immer besser sind.
Ich könnte mir für die Zukunft eine Mischform vorstellen. Eine Autorin, die sowohl Selfpublisher als auch Verlagsautorin wird. Es gibt viele namhafte Hybrid-Autoren, die das so machen. Nicht jedes Buch eignet sich für jeden Verlag und deshalb wählen einige diesen Weg. Beispiel, wenn eine Kinderbuch-Autorin auch Erotik schreibt, wird ihr Verlag kaum ihr Buch veröffentlichen wollen, wenn er nur Kinderbücher anbietet. Manche Verlage fordern von ihren Autoren das Exklusivrecht für alle in Zukunft erscheinenden Bücher. Auf so etwas würde ich mich nicht einlassen. Eine Kooperation und gegenseitiges Einvernehmen wäre für mich schon eher denkbar.
Was mich persönlich dazu veranlasst hat, bis heute kein Manuskript jemals einem Verlag vorgelegt zu haben, ist der Grund, dass ich keinen Vorteil darin sehe. Was habe ich davon, wenn mein Buch unter »ferner liefen« irgendwo im Keller einer Buchhandlung verschimmelt? Wenn ich Glück habe, steht mein Buch vielleicht irgendwo in einer Buchhandlung im Verkaufsregal und wartet dort genauso wie bei Amazon auf einen interessierten Leser.
Verlage versprechen viel, aber wie sieht die Realität wirklich aus, nachdem der Vertrag unter Dach und Fach ist? Übernimmt ein Verlag komplett die

Öffentlichkeitsarbeit für mich? Betreibt er effektives Marketing für mich? Pressekonferenzen? Termine für Lesungen? Wird das wirklich alles für mich vom Verlag übernommen? Ich zweifle daran und habe es auch schon von Verlagsautoren bestätigt bekommen, die ihre Buch-Werbung selbst in die Hand nehmen müssen. Das Glück zu haben, einen großen seriösen Publikumsverlag zu finden, der diese Punkte alle erfüllt, ist nur wenigen erfolgreichen, talentierten Autoren beschert.

Verlage gehen aufgrund des Selbstverleger-Booms kaum mehr das Risiko ein, unbekannte Autoren zu veröffentlichen; das finanzielle Risiko geht heutzutage selten einer der Großen ein.

Leider gibt es zahlreiche schwarze Schafe unter den kleinen Verlegern, die nur auf ihren eigenen Verdienst spekulieren und möglichst viele Autoren für ihren Verlag gewinnen wollen. Lasst euch beraten, liebe Kolleginnen und Kollegen, bevor ihr einen Vertrag unterschreibt. Lasst euch nicht von der Freude und dem Süßholz, das jeder Verleger raspeln kann, blenden und zum voreiligen Unterschreiben verleiten. Es haben schon viele Autoren böse Überraschungen erlebt. Damit wäre ich dann beim nächsten Thema angelangt.

Marketing – Schlüssel zum Erfolg

Das Buch ist fertig und euer Lektor hat euch die Datei zurückgeschickt. Was dann? Nehmen wir einmal an, ihr habt euch für Selfpublishing entschieden. Dann muss nun eine Datei für ein E-Book und eine Datei für ein Taschenbuch formatiert werden und bei einer Verkaufsplattform hochgeladen werden. Dazu gibt es bestimmte Vorschriften, die ihr beachten müsst. Solltet ihr damit nicht vertraut sein, dann lasst euch helfen. Es gibt Dienstleister, die diesen Service anbieten. Ich meine das Formatieren und das Hochladen in den Buchshops, damit euer Buch auch professionell aussieht.

Endlich ist er da, euer großer Tag, ihr dürft euer neues Buch, vielleicht euer erstes Buch ankündigen. Vor Aufregung, dass man es nun bei Amazon oder sonst irgendwo bestellen kann, findet ihr kaum die richtigen Worte, um eure Gefühle auszudrücken. Das ist jedoch ein schlechter Auftakt. Genauso übel ist es zu sagen: »Kauft mein neues Buch, ihr findet es bei Amazon unter folgendem Link: http/:...«

Eine Neu-Ankündigung in den sozialen Netzwerken muss aussagekräftig sein und den Leser neugierig auf das Buch machen. Ihr habt nur wenige Sekunden Zeit, bis der Leser entweder weiter scrollt oder sich euren Beitrag näher anschaut. Am besten gelingt das mit einem Bild, welches genau das ausdrückt, was an eurem Buch am wichtigsten und ansprechendsten ist. Euer Buch-Cover muss deutlich erkennbar sein, am besten im 3D Format. Wählt einen kurzen, einprägsamen Werbetext auf dem Bild und erwähnt, wo man es kaufen kann. Im

Ankündigungstext für das Bild teilt ihr den Lesern kurz mit, dass ihr euch freut, ihnen ein Buch anbieten zu können, und erleichtert ihnen den Weg zum Buch, indem ihr den Direktlink mit angebt. Ihr könnt solche Bilder nicht selbst erstellen? Auch dafür gibt es Dienstleister, die solche Bilder erstellen.

Die Ankündigung ist raus, die ersten Glückwünsche der Kollegen gehen ein und dann? Dann legt ihr die Hände in den Schoss und wartet auf den Erfolg? Nein, bloß nicht! Der Erfolg fällt euch nicht von allein in den Schoss. Ihr müsst harte Öffentlichkeitsarbeit leisten, um die Leser für euer Buch zu interessieren, sonst verschwindet es sehr schnell im Nirwana des Buchmarkts.

Lasst euch von Createspace oder von Amazon einige Exemplare von eurem Buch zuschicken und verteilt, verschenkt es an Freunde und Bekannte. Mund-zu-Mund-Propaganda ist immer noch die beste Werbung für euch. Danach versucht es ruhig auch, in Buchhandlungen anzubieten. In eurer Stadt, wo ihr den Buchhändlern bekannt seid, weil ihr dort auch eure Bücher kauft, habt ihr vielleicht eine Chance, dass ihr kostenlos einige Bücher von euch auslegen dürft. So nach dem Motto: »Was mich nichts kostet, verbiete ich auch nicht.«

Der nächste Schritt ist die lokale Presse. Geht zu eurer Tageszeitung, die ihr seit Jahren abonniert habt und bittet den Redakteur der Kulturabteilung, euer Buch zu lesen und dann in der Zeitung vorzustellen.

Habt ihr Kinder? Fragt den Rektor, ob ihr in der Schule eure erste Lesung halten dürft. Auch hier gilt natürlich: »Was nichts kostet, wird auch erlaubt!«

Noch seid ihr nicht so weit, dass ihr für Lesungen Eintritt und Honorar verlangen könnt.

Eure Frisörin, das Wartezimmer von eurem Hausarzt, euer bevorzugter Supermarkt oder euer Tante-Emma-Laden, sind alles Anlaufstellen, wo ihr euer Buch kostenlos auslegen könnt. Da fällt mir gleich eine Geschichte ein, die diesen Aspekt des Marketings verdeutlichen soll.

Die liebe Simone (fiktiver Name) hatte einen Stapel ihres neuen Buches bestellt. Gewappnet und voller Tatendrang machte sie sich mit 10 Exemplaren auf den Weg, um alle, wie von mir beschrieben, zu verteilen. Auch vor ihrer Metzgerei machte sie nicht halt. Sie kannte die Metzgerei-Fachverkäuferin sehr gut seit Kindertagen und dachte sich, dass sie dort sicher zwei ihrer Bücher auslegen dürfte.

Freundlich begrüßte sie Sandra und kaufte erst mal zwei Kilo Schweinehals, der für das Abendessen sowieso benötigt wurde. An der Kasse zog sie dann strahlend ihr Buch aus der Tasche und übergab es ihrer Jugendfreundin. Die betrachtete interessiert das Buch-Cover und bekam einen knallroten Kopf. Simone verstand nicht warum. Auf dem Cover war doch nur ein schwarzhaariger, stämmiger, muskulöser Mann zu sehen und der Buchtitel.»Wie zähme ich einen Haus-Tyrann?« In diesem Moment kam Sandras Mann, der Metzger, aus dem Kühlhaus. Simone verstand sofort und bekam auch einen feuerroten Kopf. Der Metzger war dem Mann auf ihrem Cover wie aus dem Gesicht geschnitten. Es dauerte nicht lange bis er die beiden hochroten Gesichter bemerkte und das Buch, das Sandra hinter ihrem Rücken zu verstecken versuchte.

»Was hast du denn da?«, fauchte er sie an. Dann riss er ihr quasi das Buch aus der Hand und betrachtete sein

Ebenbild. »Ah, ein Buch über einen Haustyrann, das Sie geschrieben haben und meiner Frau andrehen wollen? Na, Ihnen werd ich helfen!«, schrie er wütend und schlug der armen Simone ihr Buch um die Ohren. Ein Redeschwall von Beleidigungen brach nun auf die beiden Frauen herein. Simone wurde angewiesen, ihr Buch, das leicht beschädigt war, sofort einzupacken und die Metzgerei nie mehr zu betreten. Sandra musste sich noch einige beleidigende Worte von ihrem Despoten anhören.
Tja – so kann es natürlich auch gehen.
Überlegt euch immer gut, wem ihr euer Buch anbietet.
Simone war für diesen Nachmittag erst einmal geschockt, weil sie nicht gewusst hatte, was für ein übler Mensch der Mann ihrer Bekannten war. Sie hatte nach diesem Vorfall keine Lust mehr, ihr Buch weiterhin anzubieten und machte sich auf den Heimweg.
Zuhause erwarteten sie schon ihre beiden Kinder und ihr arbeitsloser Ehemann. Als sie lustlos ihre 10 Bücher in eine Ecke warf und sich erschöpft und immer noch aufgewühlt von dem Vorfall in den Sessel sinken ließ, war ihre gesamte Familie verwundert.
»Du wolltest doch erst wieder nach Hause kommen, wenn du alle Bücher verschenkt hast!« Ihr jüngster Sohn brach das beklommene Schweigen.
»Mir reicht es für heute!«, erwiderte Simone schlecht gelaunt. Erst jetzt bemerkten alle ihre verstrubbelten Haare und ließen nicht locker, bis sie erzählt hatte, was in der Metzgerei passiert war.
Die Kinder (8 und 10 Jahre alt) schauten sich bestürzt an. Ihr Mann musste schallend lachen und nahm sie dann liebevoll in die Arme.
»Habe ich dir nicht schon mal gesagt, dass du aufpassen sollst, wem du mit deinem Buch auf die Füße trittst?«

»Herbert war schon immer so, den kenne ich schon seit vielen Jahren!«, fügte er hinzu.

Simone gelobte in Zukunft vorsichtiger zu sein und wollte das Marketing dann anderen überlassen. Ihre Exemplare bot sie nur noch ganz engen, gut bekannten Freunden an.

Spammen verboten

Genau wie Simone aus meiner Geschichte nützen viele Autoren lieber andere Wege, um ihre Bücher zu verkaufen, als den direkten Kontakt zu den Lesern. In den sozialen Netzwerken gibt es zum Beispiel zahlreiche Gruppen, wo Buchwerbung gerne gesehen wird. Dort dürft ihr jedes Buch, so eindrucksvoll wie möglich, vorstellen. Dann gibt es noch andere Gruppen, wo über Bücher diskutiert wird. Dort sollte man aber einige Regeln beachten, wenn ihr vermeiden wollt, was einem Kollegen passiert ist.

Rainer P. (fiktiver Name) stellte sein Buch und sein Buch-Cover zur Diskussion und erhielt einige Komplimente für den guten Klappentext und das eindrucksvolle Cover. Gestärkt durch seinen kleinen Erfolg machte er sich dann daran, andere Beiträge zu kommentieren. Er fand andere Buch-Cover schlichtweg »Scheiße« und so manche Buchbeschreibungen fand er langweilig oder sogar abstoßend.

Denkt immer daran liebe Kollegen und Leser, dass man »Böses« immer irgendwann wieder zurückerhält. Rainer P. hatte wohl damit nicht gerechnet. Er fand seine Kommentare cool, obwohl ihm niemand zustimmte und die kritisierten Autoren auch keine Stellung dazu nahmen. Doch nach einigen Tagen, als er seine üblen, unbegründeten Kommentare schon vergessen hatte, stellte er ganz normal einen Werbelink auf seinem Profil ein, der sein Buch in den höchsten Tönen lobte. Ein Autor antwortete ihm, dass er das Buch-Cover total unprofessionell fände, weil die Farben nicht harmonieren würden, und den Werbetext fände er überhaupt nicht ansprechend. Sofort entrüstete sich Rainer P. über die Kritik, die seiner Meinung nach unbegründet und unqualifiziert wäre. Als er nach dem Cover-Designer gefragt wurde, erklärte er hochnäsig, dass er noch nie einen Designer konsultiert hätte, weil dies ein überflüssiger Beruf wäre, und er seine Cover bestens alleine gestalten könnte. Das ließen namhafte Designer natürlich nicht auf sich sitzen und nach und nach hagelte es begründete Kritiken, was an seinem Cover alles zu bemängeln wäre. Von der Schrift über das Bild bis hin zum Titel ließen sie kein gutes Haar mehr an diesem Cover, das zuvor allgemein als gut befunden wurde. Natürlich begründeten die Designer ihre Kritik mit nicht von der Hand zu weisenden Argumenten, denen der Autor nicht überzeugend widersprechen konnte.

Moral von der Geschichte: Überlegt euch immer, was ihr öffentlich von euch gebt und wie es auf andere wirken könnte. Natürlich darf jeder Autor eine eigene Meinung haben. Aber wer Kritik äußert, muss auch Kritik ertragen können. Außerdem muss man seine Meinung ja nicht unbedingt immer äußern. Schon gar nicht, wenn man nicht danach gefragt wird.

Was gibt es noch zum Thema Buch-Werbung zu sagen? Man sollte sein Buch nicht im Fünf-Minuten-Takt durch die Gruppen jagen und das womöglich immer mit gleichem Bild und gleichem Text. Schon nach kurzer Zeit würde kein Leser mehr darauf achten und sich vielleicht sogar über die Spam-Werbung ärgern.

Eine weitere Möglichkeit, um euer Buch den Lesern näher zu bringen sind Buch-Trailer. Da gibt es verschiedene Arten davon. Man kann nur Bilder mit Text

in einen Trailer einbauen oder sie vertonen, selbst einen Text einsprechen oder mit gemeinfreier Musik untermalen. Der neue TREND, der sich nun abzeichnet, sind gesprochene Trailer. Der Autor baut persönlichen Kontakt zum Leser auf, indem er ihn selbst anspricht. So kennt der Leser nicht nur euer Bild, sondern auch eure Stimme. Solltet ihr denken, dass eure Stimme nicht zu eurem Image passt, dann kauft euch nicht nur den Trailer, sondern auch gleich die Stimme dazu, die für euch spricht. Ich kenne Dienstleister, die sowohl diese Trailer als auch die Stimme zur Verfügung stellen. Man kann Auszüge aus den Büchern vorlesen, Veranstaltungen ankündigen, Neu-Erscheinungen ankündigen und noch vieles mehr. Der Fantasie sind da keine Grenzen gesetzt und je neuer eure Idee im Marketing, desto mehr Aufsehen und Interesse bei den Lesern wird sie erzeugen. Aber seid vorsichtig! Auch hier gilt die Regel, dass es immer seriöse und unseriöse Anbieter gibt. Informiert euch gut, was zu welchem Preis angeboten wird. Genauso gut müsst ihr aufpassen, was die Rechte betrifft in Sachen Werbung. Nicht jedes Bild darf für kommerzielle Werbung genutzt werden. Am sichersten und billigsten sind immer noch eigene Fotos, die ihr bearbeitet, dort euer Buch-Cover einbaut. Passt auf, dass keine fremden Personen darauf zu erkennen sind, die euch verklagen könnten. Ich denke, ich habe nun die grundlegenden Dinge erklärt, die zur Werbung gehören. Aber gehen wir noch mal einen Schritt zurück, was vor der Veröffentlichung noch zu beachten ist.
Leser wollen immer wieder neue Geschichten lesen, neue Ideen, neue Krimis, noch mehr Spannung noch mehr

Erotik, noch mehr Liebe und Herzschmerz. Was tun, wenn euch nichts einfällt?
Dazu möchte ich euch eine weitere erlebte Geschichte erzählen.

Plagiat oder nur halb geschummelt?

Conny (fiktiver Name) saß da und schluchzte leise. Die Tränen liefen über ihr Gesicht, sie weinte vor Wut, vor Verzweiflung und vor Scham. Ihr Buch lag vor ihr auf dem Schreibtisch. Als sie es bemerkte, schnappte sie es in Sekundenschnelle und fing an die Blätter rauszureißen. Ihr Weinen wurde lauter, die Wut noch größer. Erst als nur noch das Buch-Cover übrig war, beruhigte sie sich langsam wieder.

Was war passiert? Warum zerriss sie ihr Buch, das in allen Shops unter den Bestsellern zu finden war?

Gehen wir mal einige Jahre zurück. Conny ist eine Autorin, die es auf Anhieb geschafft hatte, mit einem ihrer ersten Bücher in die Bestseller-Listen zu kommen. Sie hatte den gewünschten Erfolg und wenn man schon mal oben ist, dann ist es auch für die folgenden neuen Bücher leichter, in die Charts der Top 100 zu kommen. Leser vertrauen ihren Autorinnen und wollen dann auch immer auf dem neuesten Stand sein. Genau das wurde ihr zum Verhängnis. Nach 4 Jahren, in denen sie jedes Jahr 2 Bestseller veröffentlicht hatte, gingen ihr die Ideen aus. Aus Verzweiflung, weil ihr nichts mehr einfiel, hat sie sich zu etwas hinreißen lassen, was kein seriöser Autor jemals ungestraft gemacht hat. Nach monatelanger Schreibblockade hat sie sehr wahrscheinlich abgeschrieben. Sie hat einfach einen ganz alten Groschenroman gesucht, der lag zufällig in ihrer Schreibtischschublade und den hat sie so übernommen und als ihr Buch deklariert. Zuerst hat das keiner gemerkt und auch dieses abgeschriebene Buch stieg in den Charts.

Was beweist, dass man nur einen Namen braucht, um Erfolg zu haben.
Aber es blieb nicht unentdeckt. Nach einigen Monaten wurde ihr Plagiat bekannt. Es gibt Autoren und Profis, die sich darauf spezialisiert haben, solche Plagiate aufzudecken. Das machen sie systematisch durch Algorithmen, die Bücher vergleichen.
Um es kurz zu machen, die von mir erwähnte Conny wurde öffentlich an den Pranger gestellt und man warf ihr das Übelste vor, was man einer Autorin vorwerfen kann. PLAGIAT – abgeschrieben zu haben, sich mit fremden Federn geschmückt zu haben.

Die Nachricht schlug ein wie eine Bombe. »Bestseller-Autorin des Plagiats überführt.«

Sie musste schnell handeln, um ihre Haut zu retten. Und was machte sie? Conny gab zu, nicht die Autorin ihres eigenen Buches zu sein, sondern aus Versehen abgeschrieben zu haben.
»Wie geht denn so was?«, fragt ihr nun sicher. Sie erzählte, dass sie in jungen Jahren, als sie das Schreibmaschinenschreiben lernen wollte, immer Groschenromane nahm, um diese abzutippen. Sie hätte haufenweise solcher Geschichten in ihrem Schreibtisch rumliegen. Zufällig fand sie diese Story und war der festen Überzeugung, dass sie die selbst geschrieben hätte. Darüber kann man nun geteilter Meinung sein. Man kann es glauben oder auch nicht. Ich weiß nicht, was ich davon halten soll. Merkwürdig finde ich es schon, wenn eine Autorin nicht mehr weiß, was sie alles geschrieben oder nicht selbst geschrieben hat. Ich kenne meine Bücher fast

auswendig. Aber wie das ist, wenn man so viel schreibt wie eine Bestseller-Autorin, kann ich nicht wissen.
Conny war auf jeden Fall todunglücklich und schämte sich für den Fehler, der ihr unterlaufen ist. Welchen? Das weiß nur sie selbst und das muss sie mit ihrem Gewissen ausmachen.
Sie saß immer noch an ihrem Schreibtisch und heulte. All diese Beschimpfungen gingen ihr durch den Kopf. Der Vorwurf, die Leser in böser Absicht belogen zu haben, tat ihr am meisten weh. Auch Geldgier und Manipulation wurden ihr vorgeworfen. Der Druck war einfach zu groß geworden. Die Leser fragten fast täglich, wann ihr neues Buch erscheinen würde. Da hatte sie die Nerven verloren und diese Lösung für sich gewählt. Das Manuskript in ihrem Schreibtisch klang gut und sie wollte sich keine Gedanken darüber machen, ob es wirklich von ihr geschrieben wurde.
Ich enthalte mich jeder weiteren Wertschätzung, die das Verhalten dieser Autorin betrifft. Sie ist vielen Lesern namentlich bekannt und jeder soll sich selbst ein Urteil darüber bilden.
Ich kann euch nur raten, schmückt euch nie mit fremden Federn. Schreibblockaden sind normal und damit muss jeder selbst fertig werden. Aber wählt bitte den ehrlichen Weg und nützt niemals das Vertrauen eurer Leser aus.
Was besagte Autorin heute macht, weiß ich nicht, aber wenn sie die Liebe zum Schreiben im Blut hat, wird es weitere Bücher von ihr geben. Vielleicht gibt es die sogar schon und sie hat sich dazu entschlossen, unter Pseudonym zu schreiben.
Es gibt Autoren, die es klüger anstellen und deshalb rechtlich nicht verantwortlich gemacht werden können, sie lesen etwas und formulieren um, ändern ab,

schriftstellerisch sind der Freiheit ja keine Grenzen gesetzt, und schon kann niemand mehr vom Abschreiben reden.

Ich persönlich kann mich nur richtig über mein Buch freuen, wenn auch alles, was da drin steht, auf meinem Mist gewachsen ist. Oder ich sage, wo ich mir die Idee abgeschaut habe. Eine gute Quelle für Autoren-Ideen scheint ja das soziale Network von Facebook zu sein. Darüber könnte ich euch seitenweise Geschichten erzählen. Aber ich werde mich einschränken und nur noch schnell diese Sache berichten, weil es so schön zum Thema Plagiat und den illegalen Methoden passt.

Ein Autor (ich nenne ihn George Smith) hatte, in seinen Augen, eine glänzende Idee, um schnell zum Erfolg zu kommen. Er gründete eine Facebook-Gruppe, die Autoren helfen sollte, Schreibblockaden zu überwinden und neue Kräfte zu schöpfen. Dazu lud er auch Leser ein, um Anregungen zu geben, welche Bücher sie gerne lesen würden.

Ich muss gleich zu Beginn sagen, dass ich keine namhaften Autoren in dieser Gruppe getroffen habe, weil wohl kaum einer zugeben wollte, gerade in einer Schreibblockade zu stecken, und schon gar nicht über unveröffentlichte Buchprojekte reden wollte. Unbekannte Autoren nahmen das Angebot jedoch dankend an. Es wurden Ratschläge erteilt und Anregungen gegeben. Der eine oder andere Leser äußerte sich sogar darüber, welche Krimis auf dem Markt noch fehlen und was Autoren sonst noch alles schreiben könnten.

Nach einiger Zeit, ich war längst wieder aus dieser Gruppe ausgetreten, erfuhr ich dann von einer Kollegin, dass George Smith sein Projekt angeboten hatte. Es sollte ein Roman entstehen, an dem jedes Gruppenmitglied ein Kapitel schreiben würde. Alle Beteiligten würden namentlich erwähnt werden, aber die Veröffentlichung würde er selbst übernehmen, und falls Einnahmen erzielt werden sollten, wären diese ihm als Verdienst zu überlassen. Ob dieses Projekt jemals verwirklicht wurde, kann ich nicht sagen, es erscheint mir aber sehr unwahrscheinlich. Ich habe nur noch erfahren, dass heiße Diskussionen im Gange waren und an der Mitgliederzahl dieser Gruppe bemerkte ich, dass diese ständig weniger wurden. So schnell geht es eben wohl doch nicht mit dem Erfolg, den sich George Smith ausgerechnet hatte.

Autoren-Image bei Facebook

Oh ja, so mancher Autor, manche Autorin baut sich ein übergroßes Image auf, das vielleicht nicht so ganz der Wahrheit entspricht, bis auf einige wenige, die authentisch bleiben.
In den sozialen Netzwerken findet untereinander fast ein Wettkampf statt. Jeder scheint mehr und besser als der andere zu schreiben, mehr und besser über alles informiert zu sein und mehr und besser als der andere zu verdienen. Aber über Tantiemen und Besitz wird öffentlich nicht geredet. Nein, nein! Man zeigt einfach, was man hat und was man kann. In den Sommermonaten werden die schönsten Urlaubsfotos von den exotischsten Orten und teuersten Hotels gezeigt, an Weihnachten der teuerste Christbaumschmuck und die wertvollsten Geschenke öffentlich erwähnt und gezeigt. Man kann sich ja schließlich etwas leisten. Man will Eindruck schinden. Manchmal komme ich mir dabei richtig armselig vor, obwohl ich genau weiß, dass ich mehr habe als viele von diesen Prahlern. Ich habe eine glückliche Familie, fünf Kinder, meinen Mann und zwei Enkelkinder, die ich mit Stolz allein ernähre. Dafür verzichte ich schon gerne einmal auf einen Urlaub. Und wenn ich es dann trotzdem alle paar Jahre aus eigener Kraft geschafft habe, zwei Wochen alleine zu Mama nach Hause zu fliegen, dann erwähne ich das zwar beiläufig, weil ich dann weniger in den Netzwerken unterwegs bin, aber das ist auch schon alles.
Schaut man mal etwas tiefer hinter die Kulissen solcher Angeber, stellt man schnell fest, dass nicht alles der Wahrheit entspricht. Bilder kann man kaufen, Reiseziele

erfinden genauso, wie die teuren Weihnachtsgeschenke, die man angeblich macht oder erhält, aber Talent zum Schreiben, das gibt es nirgends zu erwerben. Hört oder liest man so manche Kolleginnen, was für Mist sie öffentlich verzapfen, kann es mit dem Talent eigentlich nicht weit her sein. Wenn ich von einer Autorin öffentlich lesen muss, dass irgendjemand so dumm wie Bohnenstroh sei und sich gefälligst aus ihrem Leben verpissen solle oder von einer anderen lese, dass sie nun Dünnschiss hat und deshalb nicht präsent sein kann am PC, dann frage ich mich schon, wie das mit dem Prahlen und der sonst so großen Intelligenz harmoniert.

Dann gibt es noch den Typus von Autoren, die offensichtlich gar nichts zu sagen haben und schlicht und einfach jeden Tag ihre Haustiere oder ihre Pflanzen zeigen, von ihren Hobbys berichten oder ihre Kochkünste vorstellen. Sie geben sich so neutral wie möglich, um niemand eine Angriffsfläche für ihre eigene Meinung zu Themen zu bieten, die in der Öffentlichkeit gerade diskutiert werden. Manchmal kommen mir solche Autoren unnahbar, fast wie Götter vor. Keinerlei Angaben zu ihrem Privatleben werden von solchen Autoren gemacht und es wird ausschließlich über ihre Bücher gesprochen. Meiner Meinung nach muss man den gesunden Mittelweg finden in den sozialen Netzwerken. Man muss nicht auf jeder Hochzeit tanzen und zu allem seinen Senf geben, aber eine eigene Meinung sollte man schon haben und sie auch öffentlich vertreten können. Dann gibt es noch die sogenannten Abstauber, die immer da auftauchen, wo es etwas für sie zu gewinnen gibt. Sie setzen einen Kommentar dort, wo viele andere Autoren auch schon kommentiert haben, um aufzufallen, zu zeigen, dass sie auch noch da sind, obwohl sie selbst

keine eigenen Meldungen auf ihrem Profil posten. Solche Menschen finden toll, was viele andere toll finden und finden schlecht, was viele andere auch schlecht finden. Sie teilen auch mal gerne die Werbung von Kollegen, in der Hoffnung, dass ihre eigene Werbung kollegialer Weise dann auch geteilt wird.
Ich weiß noch genau, wie das bei mir war, als ich zu schreiben begonnen habe, bei Facebook, Google plus und Twitter. Ich habe einfach fast alles geteilt, was ich an Autoren-Beiträgen gesehen habe, ganz einfach so, weil es ja nichts kostet und den Autoren Reichweite bringt. Schnell musste ich feststellen, dass die kollegialen Autoren immer dieselben waren, die dann im Gegenzug auch meine Bücher geteilt haben. Andere bedankten sich zwar herzlich für mein Teilen, aber machten keine Anstalten, jemals mein Buch ihren Freunden auf ihrem Profil vorzustellen. Ich schaute mir das ein paar Monate an, bis ich es dann genauso machte, nach dem Motto: »Wie du mir, so ich dir!«
Irgendwann sprach ich dann den Punkt ›Werbe-Beiträge von Kollegen teilen‹ einmal öffentlich an und erhielt die tollsten Ausreden als Antwort darauf, warum die Beiträge nicht geteilt werden. Da war von »keine Zeit« über »gefällt mir halt nicht alles« bis hin zu »es verärgert die Leser, wenn zu viel Fremdwerbung auf meinem Profil ist« alles dabei an rechtfertigenden Antworten. Gleichzeitig sah ich aber, dass genau die Autoren, die solche Ausreden benutzen, Zeit haben, um jedes Quiz, jeden Test und jedes aktuelle Gewinnspiel mitzumachen oder die Zeit hatten, sich an jeder banalen öffentlichen Diskussion zu beteiligen.
Kurz und gut, auch zu diesem Aspekt möchte ich sagen: Es steht natürlich jedem frei, sich so zu verhalten, wie er

möchte und wie er es für richtig hält in den sozialen Netzwerken, nur stimmt eben manchmal das Verhalten so ganz und gar nicht mit dem Image überein, das sie sich aufbauen, oder man merkt schon von Weitem, dass es ein gekünsteltes Image ist, wenn man oft in diesen Netzwerken mitliest. Dann gibt es noch die notorischen Nörgler, die Besserwisser und Unruhe-Stifter. Irgendwie muss man ja in den Netzwerken auffallen, aber wenn ich von einem Autor nur Beschwerden, Zank oder ausschließlich Superlativen lese, mache ich mir so meine eigenen Gedanken über ihn. Kann auch sein, dass ich ihm dann mal giftig, ironisch oder sarkastisch antworte.

Frankfurter Buchmesse, das Ereignis des Jahres

Die FBM sehen und sterben, so denken viele Autoren. Einmal dabei sein, das war auch der Traum von Betty, nennen wir sie mal so. Liliane und Sandy dachten genauso. Sie kannten sich alle drei oberflächlich von Facebook und dann entstand die Idee, gemeinsam einen Messestand aufzubauen. Liliane, Sandy und Betty waren beliebt unter den Autoren und bei den Lesern. Am Ende waren es dann 6 Autorinnen, die sich den Messestand teilten und einen Zeitplan aufstellten, wer, wann, um welche Uhrzeit, an den 3 Messetagen am Stand Dienst macht und den Lesern die ausgelegten Bücher vorstellt und signiert. Die ersten Unstimmigkeiten gab es schon bei der Abstimmung der Zeiten, weil jede für sich die besten Zeiten beanspruchte und zu anderen Zeiten andere Verpflichtungen hatte.

Betty steckte ihre Fühler aus und angelte sich die für sie angenehmsten Zeiten. Schließlich brauchte sie Zeit für ihren Kaffee und um sich salonfähig zu machen. Sandy war als erste stinksauer und begrüßte ihre Facebook-Freundin kalt und herzlos.

Was bildet die sich nur ein? Wir sind seriöse Autoren und veranstalten doch hier keine Show!, dachte sie, aber sagte es keinem.

Liliane fand es eine super Idee und verstand natürlich, dass eine Geschäftsfrau, die ihre ersten Bücher schreibt, ihre wahre Identität nicht preisgeben wollte. Deshalb ging sie freundlich auf sie zu und umarmte sie herzlich. Betty erwiderte die Begrüßung ebenso freundlich und herzlich. Sandy betrachtete ihre Freundin, die aussah wie eine Domina misstrauisch und verwirrt. Was hat die nur vor mit ihrer Show und der dunklen Maske im Gesicht?, fragte sie sich. Eigentlich führte Betty gar nichts im Schilde, ihr ging es einzig und allein darum, nicht erkannt zu werden. Die ersten Leser trafen am Messestand ein. Liliane begrüßte sie freundlich, alle Bücher der sechs Autorinnen lagen griffbereit auf dem Tisch. Betty erregte Aufsehen in ihrer schwarzen, eng anliegenden Hose, dem schwarzen Mieder, das viel Dekolleté zeigte, der Maske, die nur die Mundwinkel sehen ließ und der Peitsche, die sie in der Hand hatte. Die Männer lagen ihr sofort zu Füßen und ihr Buch wurde bewundert und es hagelte Komplimente. Sandy war Kinderbuch-Autorin und unter den gierigen Blicken der Männer fand ihr Buch keinerlei Beachtung. Liliane bot ihren Krimi an und ihre Trilogie, die bei den Damen reges Interesse auslöste. Am Ende des ersten Messetages waren Betty und Liliane vollkommen zufrieden, während Sandy schmollte.

Aber es sollte noch schlimmer kommen am nächsten Tag. Sandy hatte sich erst für den Nachmittag in die Liste eingetragen. Betty und Liliane waren schon morgens um 8 Uhr am Stand. Gegen 9 Uhr tauchte dann Petra auf. Eine seriöse, ältere Dame, die historische Romane schrieb. Ihr erster, erschrockener, missbilligender Blick, den sie Betty in ihrer Domina-Aufmachung zuwarf, sagte alles. Ein kurzer Guten Morgen-Gruß und dann ihre direkte Frage: »Wie viele von meinen Fans haben sich für meine historischen Romane interessiert gestern?«

»Leider hat dich niemand vermisst oder dein Buch näher betrachtet«, antwortete ihr Betty freundlich und Liliane bestätigte diese Aussage.

Ein Donnerwetter aus falschen Anschuldigungen und Beschimpfungen brach nun auf die beiden erstaunten Autorinnen herein, das mit diesen Worten endete:»Ich steige aus! Ihr habt meine Bücher nicht angeboten und hier eine Peep-Show abgezogen, die unter meiner Würde ist!« Petra packte ihre Bücher ein und verließ schimpfend den Messestand. Die beiden schauten sich fragend an und brachen dann in Gelächter aus. So viel Neid und Missgunst hatten sie nicht erwartet!
Nachmittags kam dann Sandy und erfuhr, was geschehen war. Bis jetzt wurden auch ihre Kinderbücher nicht beachtet. Es fehlten noch zwei Autorinnen, die sich im Laufe des Nachmittags am Stand einfanden und über den Stand der Dinge informiert wurden. Es musste ein neuer Zeitplan aufgestellt werden und da sich auch bei Sandy kein Erfolg einstellte, gab sie vor, aus gesundheitlichen Gründen aussteigen zu wollen. Die vier Autorinnen mussten den letzten Messetag allein meistern. Für alle vier stellten sich Erfolge ein und was am wichtigsten war, sie hatten Spaß am Umgang mit den Lesern und auch untereinander.
Was will ich mit diesem (fiktiven) Messebericht sagen? Leser, es ist nicht alles Gold, was glänzt und Autoren, passt auf, mit wem ihr gemeinsame Sache machen wollt! Die FBM ist eine der wichtigsten Buchmessen in Deutschland und dort ist immer alles, was Rang und Namen hat, vertreten. Man erhält einen Einblick über die neuesten Bücher und die neuesten Verlage. Aber es ist auch ein Massenauflauf und man hat kaum Zeit, an einem Tag alles zu sehen oder jeden zu treffen, den man gerne treffen wollte.
Ich war persönlich noch nie dort, aber würde gerne einmal diesen Messerummel erleben. Das Wichtigste

dabei wäre für mich nicht der finanzielle Erfolg, viele Bücher zu verkaufen, was anscheinend dort gar nicht möglich ist, sondern der reale Kontakt zu Autoren, die ich bis heute nur virtuell kenne, weil ich im Ausland lebe. Der reale Kontakt zu den Lesern, der mir bis heute auch fehlt, würde mich ebenfalls freuen. Ich kenne persönlich nur wenige Leser, die meine Bücher gelesen haben. Die anderen kenne ich nur durch positive Rezensionen oder E-Mail-Nachrichten, die mir zahlreich übersendet wurden.

Noch einen Messe-Bericht möchte ich euch nicht vorenthalten.
Lieschen Müller beschloss, das erste Mal an einem Sonntag die FBM zu besuchen. Schließlich hatte sie auch ein Buch geschrieben, das an die Leser gebracht werden musste und zudem kannte sie viele Autoren, die jedes Jahr dort sind, von Fotos aus den sozialen Netzwerken. Aber sie hatte noch nie mit irgendjemand Kontakt aufgenommen, weil sie dazu viel zu schüchtern war. Ihr Buch über ihren Hund, als treuen Freund und Gefährten hatte sie selbst veröffentlicht und freute sich über jeden der 10 Leser, die es in einem Jahr gekauft hatten.
Fest entschlossen, an diesem Sonntag ihren großen Durchbruch zu haben, ließ sie sich von Hugo, ihrem Mann, zur Messe fahren. Schon bei der ersten Rast auf der Autobahn kamen ihr die ersten Zweifel.
Wie würde sie in ihrem Hochzeitskostüm auf die Leser und auf die Kollegen wirken? Was sollte sie um Himmels willen nur sagen?
Aber sie gab noch nicht auf, aß ihr Butterbrot und bediente weiter ihren treuen Mann, der immer schrecklichen Hunger hatte. Das sah man ihm leider auch

an. Sie konnte sich zweimal hinter ihm verstecken mit ihrer sportlichen Figur.

In Frankfurt angekommen hatte sie plötzlich eine Idee. Sie warf endlich ihre Schüchternheit über Bord und bat Hugo, sie in ein Einkaufszentrum zu begleiten. »Na gut, aber nur, wenn ich so lange in die Heimwerker-Abteilung gehen darf. Wir treffen uns dann am Auto wieder«, forderte er. Das war ihr mehr als recht. Sie versprach, in zwei Stunden wieder am Auto zu sein, und steckte ihm 100 Euro zu mit dem Wink, dass er ja noch was essen gehen könnte, während er auf sie warten würde. Lachend und vertrauensvoll ging er auf das Angebot ein. Er hatte ja keine Ahnung, was Lieschen Müller vorhatte.

Sie betrat den ersten Laden, fand aber nicht, wonach sie suchte. Im zweiten Geschäft wurde sie dann fündig. Hautenge Nieten-Jeans, ein schwarzes Mieder und eine schwarze Seidenbluse, die sie offen ließ, schmeichelten ihrer guten Figur. Das Mieder ließ viel von ihrer samtweichen dunklen Haut und ihrem Dekolleté erkennen.

Jetzt brauchte sie noch schwarze Schuhe mit hohem Absatz und die passende Handtasche. In einer Stunde hatte sie alles eingekauft, was sie wollte und blieb auch gleich so gekleidet. Der nächste Schritt war, ab zum Friseur.

Wer sucht, der findet! Gott sei Dank gab es einen, der am Sonntagvormittag geöffnet hatte, und es waren keine Kunden vor ihr dran. Ihre Verwandlung begann. Aus den langweiligen, langen schwarzen Haaren wurde eine wasserstoffblonde Kurzhaarfrisur. Dazu noch das passende Make-up, das ihr die Friseurin auch noch verpasste. Zum ersten Mal in ihrem Leben ließ sie sich die Augenbrauen zupfen und die Nägel lackieren. Dabei wäre sie beinahe gestorben. Aber nun verstand sie endlich, was der Spruch »Wer schön sein will, muss leiden« wirklich bedeutete.

Hugo wartete geduldig mit der Sonntagsbildzeitung auf dem Schoss auf sie, als sie mit 20 Minuten Verspätung am Auto ankam. Er war eingenickt und sie klopfte ans Autofenster. Erschrocken kurbelte er das Fenster runter und sagte: »Ja, bitte was wollen Sie denn?«

Es hat geklappt! Nicht einmal mein eigener Mann erkennt mich wieder!, dachte sie erfreut.

Sie lachte und antwortete: »Hugo, na, was sagst nun?«

»Ich werd verrückt, gut schaust aus, kenn dich ja gar nicht wieder. Aber was soll das Ganze?«

Sie stieg ins Auto und erklärte ihm nur, dass es was mit ihrem neuen Buch zu tun hätte. Auf der Messe suchte sie zuerst den Stand des Verlages, der ihr Buch verlegt hatte, dort wurde sie kurz begrüßt und bestaunt für ihren Look, aber nach 5 Minuten freundlich abserviert. Erinnerungsfoto für Facebook wurde auch noch schnell gemacht, das sie mit ihrem Buch am Stand zeigte. Das war schon genug Anlass für sie, sich wie im 7. Himmel zu fühlen.

Aber es sollte noch besser kommen. Sie suchte den Stand, der sich irgendwie wie ›Damen der blutenden Herzen‹ oder so ähnlich nannte. Dort traf sie auf die Domina, die ich schon erwähnt hatte. Beide hatten das gleiche schwarze Mieder an. Das brach sofort das Eis zwischen ihnen. Lieschen Müller stellte sich als Autorin vor, und auch an diesem Stand wurden viele Fotos gemacht, die dann tagelang auf Facebook die Runde machten. Alles in allem war ihr Messebesuch ein großer

Erfolg für sie, und danach schaffte sie auch endlich ihren Einstieg in die sozialen Netzwerke.

Aber nicht jeder kann die FBM besuchen, sondern muss zu anderen Maßnahmen greifen. Somit wären wir beim nächsten Thema.

Bücher, die Bände sprechen

Hier geht es um das Sprechen, gezielt aus euren Büchern vorlesen. Ihr habt endlich einen Veranstalter gefunden, der euch für eine Lesung einlädt? In diesem Fall könnt ihr Honorar verlangen, dessen Höhe verhandelbar ist. Ihr müsst mit dem Veranstalter absprechen, ob Eintritt verlangt werden soll oder nicht. Sinnvoll ist es auch, kleine Snacks und Getränke anzubieten, damit die Lesung schön gemütlich wird. Ich würde das Ganze dann als Unkostenbeitrag und nicht als Eintritt deklarieren. Somit ist für die Zuhörer klar, dass das der Wirt oder Gastgeber einstreicht. Nach der Lesung könnt ihr dann einen Hut für Spenden durchreichen, die euch als zusätzliches Honorar gehören.

Ihr seid aufgeregt, weil ihr noch nie in der Öffentlichkeit gelesen habt? Da hilft nur üben!

Gebt euch so natürlich wie möglich und sucht eine interessante Stelle aus eurem Buch aus, die Fragen aufwirft, die euch die Leser anschließend stellen können. Sucht den Dialog mit den Zuhörern.

Natürlich kann es zu Pannen kommen, aber Autoren sind einfallsreich und wissen sich immer zu helfen. Genauso wie Dr. Martin (fiktiver Name) der bei einer seiner Lesungen belästigt wurde.

Dr. Martin hatte einen Ratgeber zum Thema Diäten geschrieben und las gerade in einem Gasthaus aus seinem Buch vor. Bei dem Absatz über zu fetten Schweinsbraten und allgemein zu fettem Essen und den Gefahren, die das mit sich bringen kann, wurde er von einem Zuhörer unterbrochen.

»Frau Wirtin, oan grousn Schweinshaxn und doppelte Poation Schbadzle dazua und wenn no Roudkohl do is, ha damit, ze fix nochmoi. I lass ma doch vo am rein gschmeckdn Heini do ned voaschreibn wos i essn deaf!«, schrie ein bierbäuchiger, bärtiger, stämmiger Mann, dem man ansah, dass er Freude am Essen hatte. Allgemeines Gelächter folgte, weil der Johann eben für sein Temperament bei allen im Gasthaus bekannt war.

Die Wirtin antwortete ihm: *»Wirst scho net vahungan, bis da Schreiberling fertig glesn hot!«*

Der Autor ließ sich nicht aus der Fassung bringen und rief: *»Bittschön fia mi a, lesn macht deiflisch Hunga, Frau Wirtin und heit scheiss ma auf de Diät!?«*

Das Gelächter wurde noch größer und sogar Johann beruhigte sich wieder und applaudierte dem Autor.

Sofort, nachdem die Lesung beendet war, setze sich Dr. Martin zu Johann an den Tisch und die Wirtin servierte die Schweinshaxen mit den leckeren Beilagen. Ihr werdet es nicht für möglich halten, Johann hat sich tatsächlich das Buch gekauft, wie viele andere Zuhörer auch.

Also nie die Nerven verlieren bei einer Lesung und sich selbst nicht zu wichtig nehmen, das ist das Erfolgsrezept bei einer Autoren-Lesung.

Aber nicht immer geht es so gut aus für uns Autorinnen und Autoren.

Sabine F. las einmal im Pfarrhaus aus ihrer Autobiografie vor. Die Zuhörer waren überwiegend Frauen mittleren Alters. Nur ganz hinten in der letzten Reihe hatte die Autorin zwei Männer entdeckt.

Es war zur Weihnachtszeit, und im Saal nur Christbaumbeleuchtung eingeschaltet. Der Autorin hatte man zusätzlich eine Schreibtischlampe neben das

Lesepult gestellt. Nachdem der Pfarrer alle begrüßt hatte und die Frauen aus dem Dorf ihr selbst gebackenes Weihnachtsgebäck angeboten hatten, begann die Autorin zu lesen. Ihr bewegtes Leben reichte von Alkoholsucht über Drogenkonsum bis hin zur Vergewaltigung durch ihren Ehemann, von dem sie sich seit Kurzem getrennt hatte. Noch bevor die Scheidung ausgesprochen war, hatte sie sich ihren Traum vom Schreiben erfüllt, das ihr gewalttätiger Mann ihr immer verboten hatte. Sie hatte sich genau diese Stelle ausgesucht, als er sie wieder einmal schlug und mehrmals vergewaltigte.

»Du dumme Sau, sag doch, dass es dir auch gefallen hat, ihr Weiber mögt doch Gewalt beim Sex«, schrie ihr Ehemann plötzlich aus der letzten Reihe.

Die Frauen drehten sich empört um, die Autorin brach in Tränen aus und war nicht mehr fähig weiterzulesen. Der Pfarrer sorgte zwar dafür, dass die Polizei kam und der Mann wegen öffentlicher Störung und dann auch noch wegen Widerstand gegen die Staatsgewalt abgeführt wurde, aber für die Autorin war es kein schöner Abend. Auch die Tatsache, dass viele ihrer Bücher gekauft wurden, für den guten Zweck, für den sie sich kostenlos zur Lesung zur Verfügung gestellt hatte, und nur den Selbstkostenanteil für die Bücher erhielt, machte sie nicht glücklich. Ihr Leben war immer noch ein Albtraum und sie hatte Angst, dass er nie enden würde.

Liebe Kolleginnen und Kollegen, ihr müsst bei Lesungen mit allem rechnen. Wenn ihr heiße Themen ansprecht, ganz besonders. Es gibt immer Leute, die sich informieren, was ihr gerade macht oder plant, wenn ihr es öffentlich bekannt gebt.

Noch einmal zu Autoren in sozialen Netzwerken

Bisher habe ich überwiegend Facebook angesprochen, wo sich viele Autoren tummeln. Aber es gibt auch noch Google plus, Twitter, Linkedin und andere Plattformen. Auch spezielle Foren für Autoren und Blogs, wo über Bücher gesprochen wird. Twitter ist ein schnelllebiges Netzwerk, wo in Sekundenschnelle Tweets über die Startseite laufen, je nachdem, wie viele Follower ihr habt, umso schneller wird das Tempo. Das hat den Vorteil, dass ihr hier eure Werbung öfter verteilen könnt, ohne dass es als Spam negativ auffällt. Ein Nachteil von Twitter ist, dass die Anzahl der Wörter, die ihr in euren Tweets benützen dürft, begrenzt ist. Ihr erreicht auch mehr Leser in kürzerer Zeit als bei Facebook. Follower finden ist einfach, denn fast jeder, dem ihr folgt, folgt euch dann auch zurück und so wächst euer Netzwerk sehr schnell. Bei Twitter zählt Quantität der Freunde und nicht die Qualität, weil das Netzwerk nicht für innigen, wortreichen Austausch gedacht ist. Täglich kurze Texte über eure Bücher tweeten, nicht vergessen, andere Follower zu retweeten und den heiligen #ff-Hashtag am Freitag nicht vergessen, wo man am besten alle seine Follower weiterempfiehlt. Ähnlich funktionieren auch die anderen Netzwerke. Für mich verhalte ich mich überall nach dem Grundsatz: Was du nicht willst, das man dir tu, das füge auch keinem anderen zu!
Kollegialität untereinander und Freundlichkeit dem Leser gegenüber sollten immer im Vordergrund stehen. Sollte

es einmal Anlass zu Diskussionen geben, kann man die auch in normalem Ton führen und nicht im »Stammtisch-Ton« lospoltern. Beleidigungen müssen nicht sein und es muss auch niemand von oben herab behandelt werden, denn wir Autoren sitzen alle im selben Boot, ganz egal, wie viele Bücher wir schon geschrieben oder verkauft haben.

Ihr habt eine Autoren-Seite bei Facebook, auf Google-Plus, bei Linkedin und bei Twitter? Dann seid ihr noch nicht fertig. Ihr braucht noch ein Blog, wo ihr täglich etwas über euch erzählen solltet, und eine Website. Schafft ihr alles alleine nicht? Dienstleiter machen das für euch. Ihr fragt euch, wann ihr bei dem ganzen Rummel noch Zeit zum Schreiben habt? Tja, das frage ich mich manchmal auch. Wichtig dabei ist, dass man sich Ziele setzt, wie viel man wann schreiben möchte und die Zeit dann diszipliniert einhält. Ich belohne mich immer mit irgendetwas, wenn ich eines meiner persönlichen Ziele erreicht habe.

Ihr habt nun alles eingerichtet, was es im Internet gibt, um eure Reichweite zu steigern, aber ihr habt das Gefühl, dass ihr immer noch zu wenig wahrgenommen werdet? Dann lest euch meinen Beitrag zum Thema Marketing noch einmal durch. Gezielte Werbung und den Leser zum Feedback animieren, können da Wunder bewirken. Und denkt immer daran: So wie man in den (Autoren)Wald hineinschreit, so schallt es zurück! Das heißt nicht, dass ihr Duckmäuse und Schleimer sein solltet, das bin ich heute noch nicht. Aber man muss seine Meinung auch einmal für sich behalten können.

Autoren einmal ganz privat

Darüber kann man geteilter Meinung sein, und jeder von uns handhabt das anders. Es gibt die Unnahbaren, die nicht einmal ihr Foto bekannt geben und dann gibt es genau das Gegenteil davon, diejenigen, die sogar erzählen, wann sie, auf deutsch gesagt, aufs Klo gehen. Den zweiten Weg hatte ich gewählt, als ich mein erstes Buch veröffentlicht hatte. Da es sehr offen und ehrlich von meiner Vergangenheit erzählt, dachte ich, dass ich genauso offen und ehrlich weitermachen müsste. Leider wurde mir das öfters zum Verhängnis, denn wer offen ist, bietet gleichzeitig auch eine große Angriffsfläche für die Öffentlichkeit. Ich machte mir durch meine offene Art, überall die ehrliche Meinung zu sagen, Freunde und Feinde. Daraus resultieren auch einige negative Rezensionen zu meinen Büchern. Heute versuche ich es mit dem gesunden Mittelweg, bin weder unnahbar noch zu offen für alle. Was privat ist, muss auch privat bleiben, und ich entscheide, WER an meinem Privatleben teilhaben darf und WER nicht.

Es gibt Autoren, die verraten euch nicht einmal ihren wahren Namen und schreiben ihre Bücher unter Pseudonym. Auch das muss jeder Autor für sich selbst entscheiden. Ich habe mich seit meinem ersten Buch gegen Pseudonym entschieden, weil ich persönlich denke, dass eine Biografie weniger glaubwürdig ist, wenn man sie nicht unter seinem wahren Namen veröffentlicht. Das ist aber nur meine persönliche Meinung und jeder darf das anders sehen.

Wie ihr seht, gibt es vieles zu entscheiden, viel zu tun, und leicht kann man falsche Entscheidungen treffen. Ihr dürft nie euer Ziel aus den Augen verlieren und das sollte sein: möglichst viele Leser zu erreichen und deren Herz mit euren Büchern und mit eurer Präsenz im Internet positiv zu berühren. Ich weiß nicht, wen es interessiert, wenn ihr euch andauernd öffentlich zankt oder ständig jeden und alles kritisiert. Ich weiß auch nicht, wen es berühren soll, wenn ihr ständig Freunde entfreundet oder ankündigt, dass ihr den sozialen Netzwerken bald den Rücken kehren werdet. Das nur mal so nebenbei bemerkt. Genauso falsch ist es, den Lesern eine heile Autorenwelt vorzuspielen, die es leider nicht gibt. Realer erscheint mir, dass sich unter Autoren jeder selbst der Nächste ist, wie im Leben unter Geschäftsleuten auch. Es gibt wenige Ausnahme-Autoren, ja, einige dieser Menschen durfte ich kennenlernen. Ganz besonders eine Autorin würde für mich ihr letztes Hemd geben, ich muss hier nicht namentlich sagen, wen ich meine, sie weiß es auch so.

Aber wie gesagt, das sind die wenigen Ausnahmen unter den Autoren. Andere kratzen sich lieber gegenseitig die Augen aus und sind nur auf ihren eigenen Vorteil bedacht.

Kurz und gut, gebt euch so, wie ihr es für richtig haltet, aber immer so, dass es keinem schadet. Das wäre mein Rat an die Autoren.

Von euch Lesern wünsche ich mir, dass ihr euch über jeden Autor ein eigenes Bild macht, euch nicht von anderen Rezensionen zu seinen Büchern leiten lasst, weil die gezinkt, gefaked, gekauft oder erstunken und erlogen sein könnten. Wenn ihr ein Buch lest, denkt immer daran, wie viel Arbeit, wie viel Liebe und wie viel Hoffnung auf Erfolg in jeder einzelnen Buchseite, die ihr lest, stecken kann. Danach setzt euch hin und schreibt ein paar

ehrliche Zeilen bei Amazon oder eben dort, wo ihr das Buch gekauft habt, und sagt uns Autoren, was ihr von dem Buch haltet. Das ist sehr wichtig für uns, einerseits, um zu lernen, wo wir uns verbessern können und andererseits, weil es unser größter Lohn ist, wenn die Rezensionen gut ausfallen.
Zum Thema »Autoren mal ganz privat« möchte ich noch folgendes anführen. Denkt immer daran, was Autoren und Autorinnen alles auf sich nehmen, aus Liebe zum Schreiben, um euch spannende Lesestunden anbieten zu können. Man schüttelt einen Krimi oder einen Liebesroman nicht einfach so aus dem Ärmel. Da steckt oft monatelange harte Recherchen-Arbeit darin, bis alles passt und glaubwürdig erscheint. Bei Autobiografien oder biografischen Romanen stecken tausend Emotionen darin, die der Autor bei jeder Zeile noch einmal miterlebt, mitleidet, mitfühlt. Ich weiß heute noch, wie viele Seiten ich mit Tränen in den Augen für euch geschrieben habe, als ich meine Trilogie verfasste, und wie viel Wut gerade wieder in mir hochsteigt, während ich dieses Buch schreibe, wenn ich an bestimmte Vorfälle denke.
Jeder Autor hat ein Privatleben. Meines war nie rosig und ist es auch heute noch nicht. Natürlich geht es mir im Vergleich zu damals besser. Aber das Leben ist jeden Tag ein Kampf, wenn man eine Familie ernähren muss. Deshalb danke ich jedem Leser, der sich die Mühe macht, meine Bücher zu lesen, die ich mit Liebe und Freude für euch schreibe. Aber in mir steigt auch eine riesengroße Wut auf, wenn ich den Konkurrenzkampf und die fiesen Methoden sehe, mit denen sich manche Autoren ihren Erfolg beschaffen.

Ich erinnere mich noch genau an einen Vorfall aus meiner bisherigen Laufbahn, als ich es gewagt habe, öffentlich anzuzweifeln, dass Bestseller-Autoren schon am ersten Tag nach ihrer Buch-Veröffentlichung 50 ehrliche Fünf-Sterne-Rezensionen haben können, und auf Platz 1 in der Bestseller-Liste bei Amazon stehen. Wie die Hyänen sind sie damals über mich her gefallen! Heute zweifle ich das immer noch an, mit dem Unterschied, dass ich es nun besser begründen kann, wie ich euch schon erklärt habe. Damals war mein Fehler, dass ich es dort geäußert habe, wo alle vertreten waren, die Rang und Namen haben, und ich keine Erklärung dazu abgeben konnte, weil ich ja selbst noch nicht wusste, wie der Hase läuft. Heute weiß ich das genau. Zur Rechtfertigung dieser »Hyänen« muss ich ehrlicherweise aber auch sagen, dass ich damals wie ein Elefant im Porzellanladen als Neuling in der Selfpublisher-Gruppe, die Mathias Matting moderiert, aufgetaucht bin und im überheblichen Tonfall namhafte Autoren beschuldigt habe, quasi alle über einen Kamm geschert habe. So was wird natürlich nicht gern gesehen. So auf die Art: »Wer ist die denn? Der werden wir gleich mal die Flügel stutzen!« Einige dieser liebenswerten Hyänen zähle ich heute zu meinen Freunden, von denen ich gelernt habe, dass man nicht immer seine ehrliche Meinung äußern sollte. Vor allem dann nicht, wenn man sich damit selbst schadet. Traurig, aber wahr. Wer lässt sich schon gerne die Butter vom Brot nehmen?
Inzwischen bin ich vorsichtiger geworden, weil ich weiß, dass wir alle in einem Boot sitzen und um die Gunst der Leser wetteifern. Die einen mit ehrlichen Mitteln und die anderen mit weniger ehrlichen Mitteln.
Damit wäre ich schon beim nächsten Thema.

Schmarotzer und hilfreiche Agenten

Wenn ihr mein Buch bisher aufmerksam gelesen habt, dann wisst ihr jetzt, dass der Traum vom Bestseller leicht ein Albtraum werden kann. Es gibt tausend Fehler, die man machen kann und tausend Fallen, über die man stolpern kann. Nur wer die Liebe zum Schreiben im Blut hat, wird immer wieder aufstehen und weiter schreiben. »Mein Buch ist kein Bestseller geworden? Macht nichts, mein nächstes Buch wird bestimmt einer!« Das ist die Einstellung, die man zum Schreiben haben muss, wenn man auf dem Buchmarkt überleben will. Namhafte Autoren, die sich das schon leisten können, suchen sich einen kompetenten Agenten, der sie bei Verlagen in den Vertragsverhandlungen unterstützt und vertritt.

Er kennt das Manuskript und bietet es den Verlagen an, von denen er weiß, dass sie es schätzen und das Buch dort ins Programm passt. Das erspart den Autoren das Abklappern aller Verlage und verhindert, dass zum Beispiel ein Erotik-Autor sein Buch in einem Verlag für Kinderbücher anbieten will.

Ein seriöser Agent verdient immer einen Anteil von dem, was der Autor verdient und hat natürlich deshalb Interesse daran, für seine Kunden die besten Bedingungen auszuhandeln. Er weiß auch, was üblich ist und geht bei großen Verlagshäusern ein und aus, ist dort bekannt und oft für mehrere Autoren gleichzeitig tätig.

Aber es gibt natürlich auch die sogenannten Schmarotzer, die sich nur an eurem Buch bereichern wollen und verhältnismäßig wenig für euch tun. Also passt auf und wählt seriöse Agenten, am besten fragt ihr Kollegen, wen und warum sie ihren Agenten empfehlen.

Unseriöse Agenten komm auf euch zu, seriöse Agenten müsst ihr anschreiben, das mal so als grobe Regel empfohlen. Meistens haben seriöse Agenten alle Hände voll zu tun und suchen nicht nach euch.

Zu diesem Thema fällt mir noch eine Geschichte ein, die mir eine Kollegin erzählt hat. Sie hatte ein Buch geschrieben, unter Pseudonym. Ihr Mann war Agent. Aber sie wollte nicht von ihm an die großen Verlage empfohlen werden, sondern ihren Weg allein gehen. Sie hatte zwar ihrem Mann davon erzählt, dass sie unter die Erotik-Autorinnen gegangen ist, aber er hatte wenig Interesse für ihr Buch gezeigt und es wohl auch nicht für ›verlagsfähig‹ gehalten. Deshalb bot sie es erst einmal als Selfpublisher an und erhielt von Liebhabern der Erotik-Romane positives Feedback. Tja - und wie Männer nun mal sind, hatte er sich auch nicht dafür interessiert, welches Pseudonym seine Frau denn gewählt hatte. Eines Abends stolperte er im Internet über das Buch von Lady Ramona, las den interessanten Klappentext, dann die positiven Rezensionen dazu und wollte sich selbst ein Bild über das Buch machen. Er lud sich das E-Book runter und fing an zu lesen. Der Inhalt fesselte ihn von der ersten Seite an und verriet ihm so einiges über eine Domina und frustrierte Ehemänner, die sich über langweilige Ehefrauen ärgerten. Er beschloss, Lady Ramona eine E-Mail zu schreiben und sie zu einem Telefongespräch zu bitten, falls sie Interesse an einem Verlagsvertrag und einem Vertrag mit ihm als Agent hätte.

Lady Ramona musste lachen und war gleichzeitig wahnsinnig stolz auf sich, dass ihr Buch ihrem Mann aufgefallen war. Genau das hatte sie sich erhofft. Sie wollte, dass er es aus Überzeugung den Verlagen anbieten wollte und nicht nur, weil sie seine Frau war. Aber sie spielte das Spiel mit und rief die Nummer an, die er in seiner E-Mail erwähnt hatte. Da sie im Arbeitszimmer am PC saß und er im Wohnzimmer auf der Couch lag, klappte das zuerst sehr gut. Er meldete sich, stellte sich als Agent vor und lobte das Buch von Lady Ramona. Sie hörte zu, antwortete nur in kurzen Sätzen und versuchte, ihre Stimme zu verstellen. Aber schon nach 5 Minuten konnte sie sich das Lachen nicht mehr verkneifen und öffnete die Tür zum Wohnzimmer. Ihr Mann staunte nicht schlecht, als er merkte, wer Lady Ramona in Wirklichkeit war – seine Frau!

»Das darf nicht wahr sein!«, lachte er und klatschte sich die Hand auf die Stirn. In wenigen Sekunden lagen sie sich glücklich in den Armen. An diesem Abend gab es viel zu besprechen zwischen den beiden, aber erst nach einer heißen Nacht im Ehebett.

Man munkelt ja unter Autoren, dass Erotik-Autorinnen gerne in ihren Büchern verarbeiten, was ihnen im realen Leben fehlt.

Das musste wohl auch dem klugen Agenten zu Ohren gekommen sein und er setzte um, was seine Frau in ihrem Buch empfahl.

Schon nach wenigen Wochen wurde das Buch von einem mittelgroßen Verlag neu verlegt und die wahre Identität der Autorin wurde nie preisgegeben.

Die Moral von der Geschichte: Liebe Pseudo-Autoren, passt auf, dass ihr nicht plötzlich mal vor eurem Mann oder sonstigen Verwandten steht, auf der Suche nach Agenten, Verlagen oder sonstigen Dienstleistungs-Anbietern, denn nicht immer geht ein solches Aufeinandertreffen positiv für alle Beteiligten aus.

Ehre, wem Ehre gebührt

Zum Thema, das ich nun ansprechen möchte, trifft die Überschrift den Nagel auf den Kopf.
Wenn ihr selbst schreiben wollt, dann solltet ihr euch einen gewissen Bildungstand aneignen. Damit meine ich nicht, dass nur gebildete Menschen schreiben dürfen. Geschichten erfinden kann man auch ohne Abitur und Literaturstudium, aber man sollte zumindest wissen, wer Goethe, Schiller, Brecht, Hesse und einige andere große Schriftsteller waren und ihre Bücher zumindest teilweise gelesen haben. Dann passiert es euch auch nicht, dass ihr unbeabsichtigt bekannte Zitate erwähnt, ohne auf den Urheber hinzuweisen. Schmückt euch nie mit fremden Federn, ganz egal, ob beabsichtigt oder nicht.
Und wagt es nicht, große Schriftsteller infrage zu stellen, zumindest nicht als Neuling.
Es gibt Autoren, die sich das trauen, aber dazu gehört viel Mut und Fachwissen.
Wenn ich irgendwo lese, dass Schiller oder Goethe »nichts drauf hatten« und heute nicht mehr gelesen werden sollten, dass es sogar Zeitverschwendung wäre, wenn unsere Kinder diese Schriftsteller heute noch in der Schule lesen müssen, läuft mir persönlich die Galle über.
Hier mal ein Gedicht von Friedrich von Schiller, das durchaus auch in unsere Zeit passt, obwohl der weltbekannte Lyriker und Dramaturg in einer anderen Zeit lebte.

Johann Christoph Friedrich von Schiller wurde am 10. November 1759 in Marbach am Neckar geboren. Er starb am 9. Mai 1805 in Weimar.

*Es reden und träumen die Menschen viel
von besseren Tagen,
nach einem glücklichen, goldenen Ziel,
sieht man sie rennen und jagen.
Die Welt wird alt und wieder jung,
doch der Mensch erhofft Verbesserung.*

Es schadet nichts, wenn unseren Kindern solche Werte auch heute noch nähergebracht werden. Wusstet ihr zum Beispiel, dass auch das Zitat: **Früh übt sich, was ein Meister werden will,** von Friedrich von Schiller ist? Ich habe es erst als Autorin erfahren, weil ich Wilhelm Tell zuvor nie gelesen hatte.

Ein letztes Zitat von ihm, das ich euch Autoren aber auch allen Lesern noch mit auf den Weg geben will, ist folgendes:

Wer etwas Großes leisten will, muss tief eindringen, scharf unterscheiden, vielseitig verbinden und standhaft beharren.

So viel zum Thema Ehre, wem Ehre gebührt.

Abschließend noch hierzu eine kleine Geschichte aus dem Leben von Daggi. Ich war noch ganz neu unter den Autoren und tummelte mich mit Vergnügen in einer Autorengruppe auf Facebook, die sich damals »Portal für Autoren, Leser, Blogger und Grafiker« nannte und wie vorher schon erwähnt, heute nicht mehr existiert.

Es war die Rede von Dan Brown und noch einem namhaften Autor, dessen Name mir nun nicht mehr einfällt. Alle am Gespräch beteiligten Autoren lobten seine Bücher in den Himmel. Ich muss gestehen, nie eines dieser Meisterwerke gelesen zu haben, deshalb antwortete ich öffentlich, schlicht und einfach der Wahrheit entsprechend:
»Ach, die Bücher von Elsa Rieger, die ich gelesen habe, sind viel besser!«
Sofort antwortete mir meine Lektorin öffentlich:
»Daggi!!!!!!!!!«
Ich wusste in diesem Moment nicht, was sie mir sagen wollte. Erfuhr es aber sofort durch das allgemeine öffentliche Gelächter der Kollegen, die Bücher des besagten Autors schon gelesen hatten.

Sie wollte diese Aussage von mir so nicht gelten lassen, weil sie sich selbst nie anmaßen würde, mit diesen Bestseller-Autoren auf die gleiche Stufe gestellt zu werden, obwohl ihre Bücher sehr gut sind.

Autor werden ist nicht schwer, Autor sein doch manchmal sehr.

Autor ist jeder, der irgendwann einmal einen Text oder ein Buch veröffentlicht hat. Nach der ersten Veröffentlichung dürft ihr euch schon Autor nennen. Ihr wisst nun schon, dass Autor sein nicht gleich zum großen Erfolg und zum großen Geld führt. Ihr wisst auch, welche Ausgaben auf euch zukommen, die ihr vielleicht nie mehr durch Buchverkäufe erwirtschaften werdet. Trotzdem habt ihr euch dazu entschieden, auf dem Buchmarkt überleben zu wollen und weitere Bücher zu veröffentlichen.

Genau das ist der Punkt. Nur kontinuierliches Schreiben führt zum bleibenden Erfolg. Die Anzahl der Bücher macht es, die die Einnahmen summieren. Bestseller-Autoren gibt es verhältnismäßig wenige, aber es gibt zigtausend Mittelklasse-Autoren, die fast schon vom Schreiben leben können oder nur noch einen Stundenjob ausüben, um genügend Zeit zum Schreiben zu haben. Natürlich dürft ihr euren Traum vom Bestseller weiter träumen, das schadet nichts.

Nehmen wir einmal an, der Traum vom Bestseller hat sich erfüllt, ihr habt einen Verlag gefunden und müsst nun Zeitpläne einhalten, in denen ihr neue Bücher liefern sollt. Was dann? Solche Fragen müsst ihr euch stellen. Wie wichtig ist euch der finanzielle Erfolg? Welche Vertragsbedingungen könntet ihr erfüllen und welche nicht? Ideen sind ausreichend vorhanden, um euch nicht unter Druck setzen zu lassen? Was ist, wenn eine Schreibblockade eintreten sollte? Was passiert, wenn ihr durch Krankheit für einige Wochen nicht schreiben könnt? Das sind alles Fragen, die sich Bestseller-Autoren wohl zuvor stellen müssten, bevor sie einen Vertrag unterschreiben.

Dazu fällt mir wieder eine Geschichte ein. Mama Leone (nennen wir sie mal so) hatte es geschafft. Ihr Roman, der amüsante Geschichten aus dem Leben einer Hausfrau erzählt, wurde von einem mittelgroßen Verlag entdeckt und unter Vertrag genommen. Sie war überglücklich, aber leider juristisch überhaupt nicht bewandert. Sie getraute sich auch nicht, den Vertragsbedingungen zu widersprechen, obwohl sie schon Einwände zu einigen Klauseln gehabt hätte. Kurz und gut, sie unterschrieb und ihr Buch wurde neu verlegt. Alles schien perfekt zu laufen und ihr Erfolg wurde noch größer. Neue Leser wollten nun Mama Leone kennenlernen und erfahren, wie man denn so lebt im Ausland mit vielen kleinen Mäulern, die man stopfen musste.

Der Abgabetermin zur Fortsetzung ihres Romans rückte immer näher und sie hatte erst die Hälfte geschrieben. Dann wurden plötzlich auch noch zwei ihrer Kinder krank. Tja, für sie gab es da keine Frage, sie verbannte den PC aus ihrem Leben, bis die Kinder wieder vollständig gesund waren. Unzählige E-Mails und Drohungen des Verlags blieben einfach ungelesen von ihr, so lange, bis ihr Verleger eines Tages vor ihrer Haustür stand.

»Das können Sie mit mir nicht machen. Sie haben einen Vertrag unterzeichnet!«, keifte er ihr entgegen, als sie in Kochschürze und mit dem Kochlöffel in der Hand die Haustüre öffnete.

Mama Leone war erstaunt und musste erst einmal ihre Fassung wieder finden. Alle fünf Kinder kamen angerannt und stellten sich neben sie. Wie Orgelpfeifen standen sie in Reih und Glied neben ihr. Ihr Alter reichte von 4 bis 17 Jahre, drei Mädels und zwei Jungs. Heinrich, der Älteste, übernahm sofort das Wort. »Was wollen Sie denn hier? Wie reden Sie denn mit meiner Mutter?«, schrie er.
»Ja, ich war doch krank und Mama konnte keine Bücher schreiben!«, sagte nun der vierjährige Peter.
»Ich auch!«, fügte eines der Mädchen hinzu.
Der Verleger, ein unverbesserlicher Geschäftsmann, ließ sich aber nicht erweichen. »Das ist mir wurscht. Mama hat Pflichten zu erfüllen und muss schreiben, ob sie will oder nicht!«
Nun sah Mama Leone rot. »Ich muss gar nichts! Meine Kinder kommen vor den Büchern, ob Ihnen das passt oder nicht!«
»Dann werden wir den Vertrag wohl lösen müssen. Ich werde alles unserem Anwalt übergeben und Ihnen mitteilen lassen, welche Kosten nun auf Sie zukommen werden«, sagte der Verleger nun mit deutlich leiserer Stimme, aber in ernstem Ton.
»Kann man nicht ändern, sind Sachen, die einfach ungewollt passieren«, antwortete Mama Leone und wies dem Verleger die Tür.
Tja und dann passierte es.
Ihr Heinrich konnte sich nicht beherrschen. »Du ungehobelter, unmenschlicher Typ! Ich hoffe, du hast keine Kinder oder zumindest, dass die nie krank werden, und dich von deiner so wichtigen Arbeit abhalten!«, schrie er los.

Der Verleger holte aus und verpasste ihm eine schallende Ohrfeige. Das war zu viel für Mama Leone, nun hakte es auch bei ihr aus! Sie schlug mit dem Kochlöffel auf den armen Verleger ein und alle anderen Kinder beteiligten sich auch an dieser Schlacht. So lange, bis er fluchtartig das Grundstück verließ, und brüllte: »Das wird ein Nachspiel haben, Sie werden noch von mir hören!«
Als sich alle wieder beruhigt hatten, sagte Mama Leone dann: »Das war gar nicht gut von uns und das wird nun sehr teuer werden. Ist euch das klar, Kinder?«
Alle nickten bestürzt und schauten aus wie begossene Pudel. Auf Heinrichs Wange waren immer noch alle fünf Finger des Verlegers zu sehen.

Am Abend erzählten sie dem Papa, was geschehen war.
Zuerst musste er schallend lachen, dann erklärte er den Kindern, dass es immer falsch sei, handgreiflich zu werden, auch wenn man denkt, im Recht zu sein.
»Ja, natürlich, aber ich war so wütend«, entschuldigte sich Heinrich.
»Dein Handeln ist verständlich, ich war ja genauso wütend, aber es bleibt falsch!«, fügte Mama Leone kleinlaut hinzu.
Der Hausherr sah die verunsicherten Kinder und die bestürzte Mama an und erklärte dann weiter. »Jetzt macht euch doch nicht ins Hemd! Wir warten nun den nächsten Schachzug vom Verleger ab und dann übergeben wir das Ganze unserem Rechtsschutz. Wenn ihr Lehrgeld für euer Verhalten bezahlen müsst, dann wird Mama das eben bezahlen und sich von diesem Verleger trennen.«
So kam es dann auch, der Vertrag wurde gelöst, der Verleger verzichtete auf eine Anzeige und Mama Leone musste die vertraglich vereinbarte Summe zahlen, die

fällig wurde, falls die Fortsetzung einer Serie nicht termingerecht beim Verlag ankommt.

Die Moral von der Geschichte: Überlegt euch immer gut, welche Vertragsbestimmungen ihr einhalten könnt und welche nicht. Was euch richtig erscheint, muss dem Verlag nicht zwingend richtig erscheinen und ist meistens auch schon vertraglich geregelt worden. Hier gilt wieder einmal die goldene Regel, dass man das Kleingedruckte immer aufmerksam lesen sollte, bevor man einen Vertrag unterschreibt.

Mama Leone brachte dann die Fortsetzung im Selfpublishing auf den Markt, nachdem sie die Rechte an Band 1 der Serie zurückerhalten hatte.

Es dauerte sehr lange, bis sie wieder einem Verleger vertraute und dann beide Bände in einem großen Verlag neu veröffentlichen ließ. Aber bei diesem neuen Vertrag wurden alle Klauseln und Bestimmungen von ihrem Agenten, den sie sich inzwischen zugelegt hatte, genauestens geprüft und für sie ausgehandelt.

Geistiges Eigentum

Ihr wisst inzwischen schon, dass es Autoren gibt, die sich mit fremden Federn schmücken und auf der Lauer liegen, um gute Storys zu finden, die sie dann nur noch überarbeiten müssen. So etwas ist rechtlich nicht immer abgesichert und moralisch natürlich verwerflich. Jeder Autor muss sein geistiges Eigentum selbst schützen. Dann gibt es noch den sicheren Weg, der rechtlich vollkommen in Ordnung ist. Man kauft als Autor die Veröffentlichungsrechte von anderen Büchern und macht dann ein neues Buch daraus. Bei Ratgebern wird diese Technik gerne benützt und aus zwei oder drei billigen E-Books dann ein neues Buch erstellt. Wenn man diese Rechte dann noch auf dem englischen Buchmarkt kauft und sich die Bücher auf Deutsch übersetzen lässt, wird kein normaler Leser jemals auf die Idee kommen, dass das gelesene Buch nicht auf dem Mist des Autors gewachsen ist. Mit ein bisschen Talent und Disziplin kann man so leicht alle drei bis vier Monate einen neuen Ratgeber auf den Markt bringen und aufgrund der Vielzahl der Bücher dann nach ein paar Jahren sogar vom Schreiben leben. Rechtlich lässt sich nichts gegen diese Methode einwenden, und moralisch überlasse ich ein Urteil darüber euch Lesern. Es kommt auch immer darauf an, wie viel vom Autor nur übernommen wird und ob auch eigene Ideen in dem so entstandenen neuen Buch stecken. Der Buchmarkt ist hart und es ist sehr schwer, in kurzer Zeit möglichst viele Bücher zu veröffentlichen. Welche Hilfe man dabei in Anspruch nehmen möchte, überlasse ich jedem Autor selbst.

Mir hilft beim Schreiben mein reales Leben, ich verarbeite Selbsterlebtes in meinen Büchern. Zu diesem Buch habt ihr Leser und Autoren einiges beigetragen, das gebe ich offen zu.
Wie zum Beispiel Susanne M. (nennen wir sie mal so), die als Ratgeber-Autorin schon viele E-Books veröffentlicht hat. Langsam gingen ihr die Ideen aus. Um weitere Einnahmen zu erzielen, weitete sie ihr Repertoire zuerst einmal auf Taschenbücher aus und bot alle ihre E-Books auch als solche an. Ein weiteres, rechtlich legitimes Mittel ist Kindle-Unlimeted, welches ihr erlaubte, ihre E-Books auch kostenlos anzubieten und nach gelesenen Seiten bezahlt zu werden. Eine gut geführte Facebook-Gruppe, wo sie sich mit Kollegen absprach nach dem Motto: »Du kaufst, liest und rezensierst mein kostenloses E-Book und ich danach deines«, verhalfen ihr schnell zu vielen positiven Rezensionen. Aber all das reichte Susanne M. noch nicht aus. Sie versuchte es nun mit Kinderbüchern und brachte in kurzer Zeit zwei nett illustrierte, spannende Kinderbücher auf den Markt. Ein Schelm, wer nun denkt, so viele Ideen können nicht auf ihrem eigenen Mist innerhalb weniger Jahre gewachsen sein.
Bei Susanne M. war die Hemmschwelle von legalen Erfolgsmethoden zu den illegalen Methoden jedoch nicht mehr groß. Sie überschritt sie, als sie rein zufällig auf eine unerfahrene Autorin traf.
Zwei schwerkranke Autorinnen bekämpften sich seit geraumer Zeit öffentlich. Eine der beiden war jedoch unerfahrener als die andere und genau das nutzte Susanne M. aus. Zuerst schmeichelte sie sich durch Kommentare und private Nachrichten bei beiden ein. Sie ließ sich von

beiden alles genau berichten, was zwischen ihnen vorgefallen war. Zum Teil wirklich unschöne Anschuldigungen und beschämende Situationen, die teilweise auch in der Öffentlichkeit bekannt wurden. Man kannte beide kränkelnde Autorinnen. Die erfahrenere hatte schon zahlreiche Bücher über ihre Krankheit veröffentlicht, während die andere erst den ersten Band geschrieben hatte. Sie vertraute Susanne M. an, dass sie nun im 2. Band alle Gehässigkeiten, die sie durch die andere schwerkranke Autorin erdulden musste, ans Tageslicht bringen würde.
Ich möchte mich nicht weiter dazu äußern, weil Kranke sowieso schon ein schweres Schicksal zu meistern haben.
Es geht mir in diesem Beitrag nicht um das Verhalten der beiden kranken Autorinnen, sondern einzig und allein um das Verhalten von Susanne M., die sich Informationen über die beiden verschaffte und zu ihrem eigenen Vorteil ausnutzen wollte. Um es kurz zu machen, sie kannte alle Einzelheiten über die Streitigkeiten und es war ihr egal, was daran wahr ist und was nicht. Da für sie beide Autorinnen nur Mittel zum Zweck waren, war es ihr auch egal, wer nun die Geschädigte von den beiden war. Sicher ist nur, dass sie der unerfahrenen von den beiden Schaden zugeführt hätte, wenn ihr Plan funktioniert hätte. Sie wollte einen »Bestseller« schreiben mit dem Titel: »Wenn sich zwei streiten, freut sich die Dritte«. Sie wollte die Klarnamen der beiden Geschädigten erwähnen. Wie das rechtlich geendet hätte, kann man nicht voraussehen. Habe das Buch nie gelesen.
Aber es kam Gott sei Dank anders. Nachdem die erfahrenere von den beiden sich wieder beruhigt hatte, bot sie der anderen die Hand zur erneuten Freundschaft

an, was die dankend annahm und zugab, dass vieles nur ein Missverständnis gewesen sei.
Das passte Susanne M. nun gar nicht, denn so hätte ihr Erfahrungsbericht nicht das von ihr erträumte Ende erhalten. Erneut versuchte sie, die beiden durch weitere Sticheleien gegeneinander aufzuhetzen, aber es funktionierte nicht mehr. Es wurde nie mehr öffentlich etwas darüber bekannt, wie die zwei heute zueinanderstehen, und Susanne M. gab ihre Idee verärgert auf. Aber sie veröffentlichte weiter im 3-Monate-Takt Ratgeber und Kinderbücher.

Liebe Kolleginnen und Kollegen, ich kann es gar nicht oft genug erwähnen, seid bitte vorsichtig mit euren Ideen und wem ihr die anvertraut. Manchmal muss man im Vorfeld der Veröffentlichung Kollegen um Erlaubnis für Zitate oder Erwähnungen bitten, aber schaut euch genau an, wen ihr darum bittet und überzeugt euch zuerst, dass der- oder diejenige nie eure Ideen klauen würde.
Somit wäre ich beim letzten wichtigen Thema angelangt.

Futterneid ist euer größter Feind

Ihr habt nun gelernt, wie steinig der Weg zu eurem Bestseller sein kann, und ihr Leser habt erfahren, dass auf dem Buchmarkt nicht alles Gold ist, was glänzt und unter Autoren ein harter Konkurrenzkampf besteht.
Ich habe da schon die tollsten Sachen erlebt, die ich euch gleich verdeutlichen werde.
Natürlich gibt es auch Autoren, die überhaupt nicht neidisch sind, aber die sind eher in der Minderheit. Die harte Realität ist, dass der eine dem anderen nicht einmal den Dreck unter seinen Fingernägeln gönnt.
Der Konkurrenzkampf beginnt schon morgens auf Facebook mit dem Guten-Morgen-Gruß an Freunde, Leser und Kollegen. Jeder überlegt sich jeden Tag, wie er den Tag in der virtuellen Welt beginnen soll, um viel Aufmerksamkeit zu erzielen. Ein schönes Bild, Sonnenaufgänge sind beliebt, Haustiere oder der gedeckte Frühstückstisch. Manche versuchen es mit einer Provokation am frühen Morgen oder gleich mit einer Kritik. Weniger einfallsreiche Kollegen bitten ihre Statusmeldung über irgendein Thema zu liken und zu teilen. Aufmerksamkeit erzielen heißt die Devise.
Und da fängt der Neid schon an! »Warum soll ich der oder dem einen guten Morgen wünschen? Wünscht die oder der mir dann auch einen guten Morgen?«, fragen sich die Neider, wenn sie sich eingestehen müssen, dass Kollegen den besseren Guten Morgen-Gruß geschrieben und ein schöneres Bild eingestellt haben.
Ich habe erlebt, dass postwendend nachdem ich einer Kollegin einen schönen Tag gewünscht hatte, einfach so, weil mir danach war, dann auch der Gegengruß unter

meinem Post zurückkam. Aber ich habe auch schon erlebt, dass mich eine Autorin grüßte und ich es aus irgendeinem Grund versäumt hatte, unter ihrem Gruß zu kommentieren. Prompt verweigerte sie mir für einige Tage den Gruß. Klar, das sind Kindergartenmanieren, aber sieht ganz danach aus, dass man aufpassen muss, wer einen virtuell grüßt, um bloß niemanden zu verärgern.

Ich möchte euch nun mal einen ganz normalen Tagesablauf einer Autorin beschreiben, die sich virtuell vermarktet, um euch zu zeigen, was Futterneid ist und wie er sich auswirkt.

Hannah F. Jones (nennen wir sie einfach mal so) stand jeden Morgen um 6 Uhr auf, um noch, bevor alle anderen Familienmitglieder aufstehen, 2 Stunden schreiben zu können. Das hielt sie diszipliniert ein und öffnete ihren Facebook-Account erst, wenn diese zwei Stunden abgelaufen waren. Sie hatte gerade den letzten Satz und das Wort »ENDE« unter ihren Fantasy-Roman geschrieben, als sie ihre Freunde herzlich auf Facebook begrüßte und einen schönen guten Morgen wünschte. Zahlreich kamen die Antworten mit lieben Grüßen zurück und sie kommentierte bei einigen ihrer Facebook-Bekanntschaften und wünschte einen erfolgreichen Tag. Danach stellte sie ihr neues Buch-Cover vor und verriet, dass ihr neues Buch unterwegs wäre ins Lektorat; eine kurze Empfehlung für ihre Lektorin fügte sie noch hinzu. Natürlich kam prompt der Dank von ihr zurück für diese Empfehlung. Bis hierhin alles normal und fast tägliche Routine. Aber nach 10 Minuten ging der Ärger schon los. »Wie kannst du nur diese Lektorin empfehlen, ich war überhaupt nicht zufrieden mit ihr!«, kam ein Kommentar

von einer Autorin, die Hannah F. Jones noch nie zuvor gelesen hatte.
»Was mache ich nun?«, überlegte Hannah fieberhaft. Ihre Lektorin war nicht on und sie konnte sie deshalb nicht im Chat fragen, was da abgelaufen war. In solchen Fällen gilt als Grundregel »einfach nichts sagen und im Regen stehen lassen« und genau das tat Hannah auch. Aber wenn bei Facebook erst einmal ein negativer Kommentar da steht und nicht sofort entkräftet wird, kommen meistens andere negative Kommentare nach. Genauso lief es leider auch für Hannah und ihre Lektorin. Plötzlich fand jemand anderer diese Lektorin zu teuer und eine weitere Autorin behauptete, dass von ihr einmal ein Rechtschreibfehler in einem Buch übersehen wurde.
Dazu sage ich gleich mal, genauso wie Hannah es öffentlich sagte, das Rechtschreibkorrektur nicht zu den Aufgaben einer Lektorin gehören. Als diese Autorin merkte, dass sie sich blamiert hatte, sprach sie Hannahs neues Cover an, das unprofessionell sein sollte. Hannah kochte vor Wut, aber wie immer in solchen Fällen sagte sie nichts dazu. Nach weiteren 10 Minuten äußerte sich ihre Cover-Designerin, erklärte, dass sie es erstellt hätte, und verwies auf ihre zahlreichen zufriedenen Kunden.
Sofort war Ruhe im Busch und es folgten positive Kommentare über dieses Buch-Cover und über die Lektorin.
Ihr fragt euch, was diese Sache mit Futterneid zu tun hatte? Das will ich euch gerne erklären. Am Nachmittag las Hannahs Lektorin diese Kommentare und erkannte sofort die Autorin wieder, der sie ein Lektorat verweigert hatte, weil zu viele Rechtschreibfehler in ihrem Manuskript enthalten waren. Sie hatte sie freundlich darauf hingewiesen, zuerst ein Korrektorat machen zu

lassen und sich dann wieder bei ihr zu melden. Auch der Name des Autors, der ihr Lektorat für zu teuer empfand, war ihr geläufig, denn erst vor Kurzem hatte sie ihm ihre Preise mitgeteilt, worauf er antwortete, dass er sich das momentan noch nicht leisten könne. Hannah F. Jones hat diese zusätzlichen Informationen von ihrer Lektorin nie erfahren, weil eine seriöse Lektorin solche Infos nicht weitergibt. Aber ihr Leser versteht nun, wie ich das meine mit Futterneid.

Ein weiteres Beispiel von Futterneid kann ich von mir selbst berichten. Damals war ich noch unerfahrener, hatte gerade mein zweites Buch auf den Markt gebracht und war eigentlich rundum zufrieden. Band 1 meiner Trilogie verkaufte sich mittelmäßig und Band 2 lief gerade an. Die ersten positiven Rezensionen trudelten ein. Tja und dann, eine negative Rezension mit drei Sternen. Die Rezensentin, selbst Autorin aus demselben Genre, schrieb, dass sie das Lesen von Band 2 abgebrochen hätte, weil es langweilig und gefühlskalt wäre, und erwähnte gleich, dass sie nicht beabsichtige, einen Shitstorm auszulösen. Doch leider hatte ich den selbst schon ausgelöst, durch meine Unerfahrenheit. Ich hatte noch nicht gelernt zu schlucken und äußerte mich öffentlich dazu. Ich dachte, dass ich »mein liebstes Kind« verteidigen müsste. Das war natürlich falsch, denn jeder kann ja urteilen, wie er möchte. Mich hat dabei gestört, dass die Rezensentin aus demselben Genre war und kurz, nachdem ich Band 2 herausgebracht hatte, brachte sie Band 1 ihrer Trilogie auf den Markt. Auch eine Autobiografie, mit ähnlichen Erlebnissen, wie ich sie aus der Drogenszene beschreibe. Man kann nun ihre Beurteilung für objektiv halten oder denken, dass sie einfach nur Konkurrenz im Vorfeld schon einmal beseitigen wollte. Vielleicht möchtet ihr euch beide Trilogien einmal ansehen. Gibt ja nicht so viele Autobiografien über Frauen aus der Drogenszene mit Christiane F.-Richtung. Mit dieser Kollegin stehe ich heute noch irgendwie öffentlich auf Kriegsfuß, nur mit dem Unterschied, dass ich nun gelernt habe, kein Wasser mehr auf ihre Mühle zu gießen. Wenn ich zurückdenke, wie viele Tränen mich ihre Anschuldigungen und Sticheleien gekostet haben, ärgere ich mich nur noch über meine eigene Dummheit.

Nun zurück zum Tagesablauf von uns Autoren im realen Leben und in den sozialen Netzwerken. Ihr könnt euch kaum vorstellen, wie viel Zeit darauf verwendet wird, täglich präsent zu sein und täglich unsere Bücher für euch Leser vorzustellen. Oft bleibt dafür sogar Wichtigeres liegen und manchmal leidet sogar die eigene Familie darunter. Ich musste mir schon Vorwürfe diesbezüglich anhören von meinen Lieben und sogar von Kollegen. Wie das? Nun, nachdem alle 3 Bände meiner Autobiografie auf dem Markt waren, hatte ich ja Zeit. Ich überlegte mir, wie ich mich für andere nützlich machen könnte und stellte öfters mal die Bücher der Kollegen auf meinem Profil lobend vor. Das war einigen, die ich vielleicht nie vorgestellt hatte, nicht recht und sie begannen mich deswegen zu kritisieren. So auf die Art, dass ich mich mit meinem Verhalten nur bei den Kollegen einschmeicheln wolle. Ihr seht, das virtuelle Leben ist für uns Autoren auch kein Zuckerschlecken.

Was gibt es noch zum Thema Neid zu sagen? Nun, es gibt die Dauernörgler, die einfach jede Freude eines jeden Autors irgendwie schmälern wollen. Anfangs hat

mich das immer sehr traurig gemacht und ich habe solche versteckten Kritiken immer sehr persönlich genommen. Heute denke ich nur noch. »Alles richtig gemacht, Neid lässt grüßen!«
Dann gibt es diejenigen, die sich immer selbst darstellen müssen. Beispiel, wenn sich ein Autor über etwas freut, gibt es bestimmt gleich zwei oder drei, die das Gleiche auch schon erlebt haben. Ein einfaches »Schön für dich oder ein »Ich freue mich mit dir« reicht ihnen nicht aus. Besonders wenn ihr Leser uns positive Rezensionen zu unseren Büchern schreibt, ist das meistens Anlass zu Neid und Gegendarstellungen von anderen Autoren. Aber bitte, hört deswegen nicht auf damit, unsere Bücher öffentlich zu rezensieren. Jeder Autor weiß, wie er mit Neid umgehen sollte. Die einen lernen es früher und die anderen eben später. Sollte eine Rezension negativ ausfallen, gilt das Sprichwort: »Wer den Schaden hat, braucht für den Spott nicht zu sorgen.« Den gibt es dann als Gratiszugabe von schadenfrohen Kollegen.

Noch eine Geschichte zum Thema Neid, die zeigen soll, wie weit Autoren mit ihrem falschen Geltungsbedürfnis und ihrem Neid manchmal gehen.
Sabrina F. (wir nennen sie einfach mal so) kramte in ihrer Handtasche nach den Autoschlüsseln und war sichtlich nervös. Sie war schon viel zu spät dran und hatte einen wichtigen Termin bei ihrem Verlag. Letzte Besprechung vor der Veröffentlichung. Endlich konnte sie starten, kurvte durch den dichten Stadtverkehr und kam noch pünktlich bei ihrem Verleger an. Ihr wurde das neue professionelle Cover zu ihrem Fantasy-Roman gezeigt, mit der dringenden Bitte, es noch geheimzuhalten bis zur Veröffentlichung.

Aber irgendwie musste Sabrina F. das in ihrer Freude über das schöne Buch-Cover und dem ausdrucksvollen Klappentext auf dem Back-Cover, überhört haben. Vier lange Wochen sollte es noch dauern, bis das Buch im Handel erhältlich sein sollte. Überglücklich fuhr sie nach Hause und setzte sich an den PC, um ihren Freunden von ihrem neuen Buch und dem schönen Cover zu erzählen. Alle Einzelheiten über die Darstellung verriet sie in Chat-Nachrichten und öffentlich gab sie bekannt, dass in vier Wochen ihr neues Buch im Handel und bei ihrem Verlag, den sie namentlich erwähnte, veröffentlicht werden würde. Alle Bekannten wünschten ihr viel Glück und Erfolg, bis auf eine, die sofort böse Absichten hatte und wohl an ihrem Erfolg teilhaben wollte. Eine Autorin aus dem Morgenland (wie ich sie mal nennen möchte) hatte sich alle Cover-Bestandteile genau gemerkt und schrieb nun in Windeseile innerhalb drei Wochen einen Fantasy-Roman, der zu diesem Cover passte. Tag und Nacht musste sie dafür schreiben und eine Woche vor dem Veröffentlichungstermin von Sabrina F. war dann ihr Buch auf dem Markt. Ihr Cover ähnelte sehr stark dem Cover, das der Verlag von Sabrina F. erstellt hatte, und auch der Titel war ähnlich. Die unvorsichtige Autorin traf beinahe der Schlag, als sie im Internet das Buch-Cover und die Ankündigung sah. Dann wurde sie kreidebleich und verstand welchen großen Fehler sie gemacht hatte mit ihren Chat-Nachrichten. Ihr blieb nichts anderes übrig, als ihrem Verleger zu gestehen, was sie verbrochen hatte. Der war natürlich stinksauer und verlangte von ihr die Mehrkosten für ein neues Cover, das der Designer nun innerhalb kurzer Zeit anfertigen musste. Das war nicht billig und für Sabrina F. teures

Lehrgeld. Außerdem befahl der Verleger ihr dieses Mal absolutes Stillschweigen über diesen Vorfall und wollte noch 3 Monate abwarten mit der Buch-Veröffentlichung.
Die Autorin aus dem Morgenland genoss die Komplimente, die ihr öffentlich zu dem brillanten Cover gemacht wurden, und Sabrina F. musste dazu schweigen. Vergeblich wartete sie jedoch auf die Neu-Veröffentlichung von Sabine F. und hatte sogar die Dreistigkeit öffentlich anzufragen, wann ihre angekündigte Veröffentlichung sein sollte.
Als professionelle, seriöse Autorin ließ Sabine F. die Autorin aus dem Morgenland »im Regen stehen« und würdigte ihre spitzfindige, freundliche Anfrage keiner Antwort.
Das verärgerte jene natürlich und sie fing langsam an, daran zu zweifeln, ob es ihr gelungen war, mit ähnlichem Cover auf dem Buchmarkt zu glänzen. Ihr Ärger wurde noch größer, als sie eine Rezension zu ihrem Buch von Sabrinas Verleger lesen musste, der detailliert auf die stümperhafte Recherche und das dahingeschluderte, nicht lektorierte Buch verwies und nur einen Stern für das professionelle Buch-Cover vergab.
Das wiederum erfreute Sabrina F. und entschädigte sie ein bisschen für ihr Stillschweigen über den gesamten Vorfall. Ihre Veröffentlichung wurde ein voller Erfolg und keiner brachte sie in irgendeiner Weise mit dem Buch von der Autorin aus dem Morgenland in Verbindung, was wohl von jener so bezweckt gewesen war und ihr sicherlich einige Mehrverkäufe eingebracht hätte.
Ihr seht, wie wichtig Stillschweigen über unsere Buchprojekte manchmal sein kann und wozu Autoren aus Neid und Gier fähig sein können.

Wie ich schon erwähnt hatte, gibt es aber auch Autoren, die weder Neid noch Gier kennen und sich sogar gegenseitig unterstützen. Diese Autoren bewundere ich ganz besonders und bin stolz darauf, einige von ihnen zu meinen Freunden zählen zu dürfen. Für mich persönlich gilt, dass ich niemand beneide, aber mir auch nicht die Butter vom Brot nehmen lasse. Was mir zusteht, erkämpfe ich mir auf ehrliche Art.

Mein Buch über den Traum vom Bestseller neigt sich nun dem Ende zu.

Es fehlt nur noch mein Schlusswort.

Habe ich zu viel geträumt?

Ja – das frage ich mich jetzt natürlich. Nach monatelanger Arbeit, mit vielen guten und schlechten Erinnerungen aus meinen persönlichen Autoren-Erfahrungen, habe ich dieses Buch fertiggestellt. Ob es ein Bestseller werden wird, das hängt nun von euch Lesern und von all den Faktoren ab, die ich in diesem Buch beschrieben habe. Es hängt aber auch noch von mir ab, wie ich es vermarkten werde und wie ich auf Kritik reagieren werde, die es sehr wahrscheinlich geben wird.
»Gott steh mir bei«, dass ich all die guten Ratschläge, die ich euch Autoren mit auf den Weg gegeben habe, auch für mich selbst anwenden werde. Besonders die Ratschläge, die das Verhalten gegenüber Kollegen betreffen.
Erwähnen möchte ich auch noch die Geduld meiner Kinder und meines Mannes. Ihm danke ich ganz besonders dafür, dass er Aufgaben übernommen hat, und ich in Ruhe schreiben konnte. Die Familie hat mich sogar dazu animiert, weiterzuschreiben, wenn bei mir Zweifel aufkamen, ob ich überhaupt das Recht habe, das Verhalten anderer Autoren indirekt zu kritisieren.
Meine Älteste sagte einmal wörtlich, als ich beinahe aufgegeben hatte und das Projekt an den Nagel hängen wollte: »Mama, die Leser haben ein Recht darauf zu erfahren, was unter euch alles so abläuft, und andere Autoren müssen sich den Schuh ja nicht anziehen, wenn er ihnen nicht passt!«
Das hat mich vollends überzeugt. Ich weiß, dass sich manche angesprochen fühlen werden, versichere, dass es

von mir niemals persönlich gemeint ist und nur meine Erfahrungen wiedergibt.
Nun dann, das Buch ist auf dem Markt und »Feuer frei« für eure Meinungen zum Inhalt. Vielen Dank an alle Leser, für euer Interesse und wenn ich nur einige Autoren vor schwerwiegenden Fehlern in ihrer Laufbahn bewahren kann, habe ich alles erreicht, was ich erreichen wollte.
Wenn es mir gelungen ist, euch, liebe Leser, einen Einblick in das Leben der Autoren zu geben und zu zeigen, dass nicht alles Gold ist, was glänzt, dann bin ich voll und ganz zufrieden mit mir.
Ein besonderer Dank noch mal an meine Lektorin Elsa Rieger, deren Bücher ich alle verschlungen habe und weiterempfehlen möchte.
Danke auch an Mathias Matting, der uns Selfpublishern immer mit Rat und Tat zur Seite steht, und last but not least vielen Dank an Dieter Paul Rudolph, der die Leser mit seinem ironischen Beitrag in meinem Buch sicher erheitert hat.

www.ingramcontent.com/pod-product-compliance
Lightning Source LLC
Chambersburg PA
CBHW071550220526
45469CB00003B/968